Torsten Bleich, Meik Friedrich, Werner A. Halver, Christof Römer, Michael Vorfeld
Volkswirtschaftslehre

Lehr- und Klausurenbücher der angewandten Ökonomik

———

Herausgegeben von
Prof. Dr. Michael Vorfeld und
Prof. Dr. Werner A. Halver

Band 2

Torsten Bleich, Meik Friedrich, Werner A. Halver, Christof Römer, Michael Vorfeld

Volkswirtschaftslehre

Klausuren, Aufgaben und Lösungen

DE GRUYTER
OLDENBOURG

ISBN 978-3-11-041058-7
e-ISBN (PDF) 978-3-11-041449-3
e-ISBN (EPUB) 978-3-11-042372-3

Library of Congress Cataloging-in-Publication Data
A CIP catalog record for this book has been applied for at the Library of Congress.

Bibliografische Information der Deutschen Nationalbibliothek
Die Deutsche Nationalbibliothek verzeichnet diese Publikation in der Deutschen
Nationalbibliografie; detaillierte bibliografische Daten sind im Internet über
http://dnb.dnb.de abrufbar.

© 2016 Walter de Gruyter GmbH, Berlin/Boston
Satz: le-tex publishing services GmbH, Leipzig
Druck und Bindung: CPI books GmbH, Leck
♾ Gedruckt auf säurefreiem Papier
Printed in Germany

www.degruyter.com

Vorwort

Die anwendungsorientierte Kompetenzvermittlung volkswirtschaftlicher Strukturen und Prozesse ist ein zentrales Anliegen der Hochschullehre in den Bereichen der Sozialwissenschaften, Betriebswirtschaftslehre, Recht und der Volkswirtschaftslehre selbst. Seit Umsetzung der Bologna Beschlüsse, die zum modularen Aufbau des Studiums geführt haben, ist der Bedarf an praxisnahen und theoriefundierten Übungsaufgaben zur Prüfungsvorbereitung und zur Vertiefung des Verständnisses der VWL größer geworden.

Mit dem vorliegenden Übungs- und Klausurenbuch legen die Autoren ein entsprechendes Angebot vor. Das Buch besteht aus Aufgaben, die in der Vergangenheit im Rahmen von Prüfungen zum Einsatz kamen, sowie den zugehörigen Lösungen. Ergänzt wird dieses Angebot um Hinweise, die bei der Lösung der jeweiligen Aufgabe unterstützend wirken. Aufgabenbezogene Literaturhinweise geben konkrete Empfehlungen zum selbständigen vertiefenden Weiterlesen im Sinne einer Wiederholung oder einer Vertiefung. Jede Aufgabe ist eingangs mit einer Einschätzung des angestrebten Niveaus der Lernerfolgskontrolle und des Arbeitsumfanges versehen, mit der Studierende eine Information über das zur Lösung der jeweiligen Aufgabe notwendige Kompetenzniveau sowie den damit verbundenen Zeitaufwand erhalten. Ein Literaturverzeichnis und ein Index runden das Buch ab. Wir wünschen besten Erfolg bei der Auseinandersetzung mit diesen Aufgaben!

Bedanken möchten wir uns bei Frau Alina-Sophie Tolksdorf und Herrn Amadeus Gwizd, die mitgeholfen haben, die Aufgaben in eine ansprechende und druckreife Form zu bringen. Ebenso gilt unser Dank den Studierenden des aktuellen Semesters, mit denen wir einen Teil der Aufgaben bereits testen konnten.

Mülheim (Ruhr), Hameln und Villingen-Schwenningen
im Dezember 2015

Inhalt

1 Grundlagen der VWL

Aufgabe 1: Produktionsmöglichkeiten/Transformationskurve I

Verstehen, Anwenden
Bearbeitungszeit: 15 Minuten

1. Aufgabenstellung

Kreuzen Sie bezugnehmend auf die nachfolgende Abbildung der Produktionsmöglichkeitenkurve (syn. Transformationskurve) die richtigen Aussagen an:

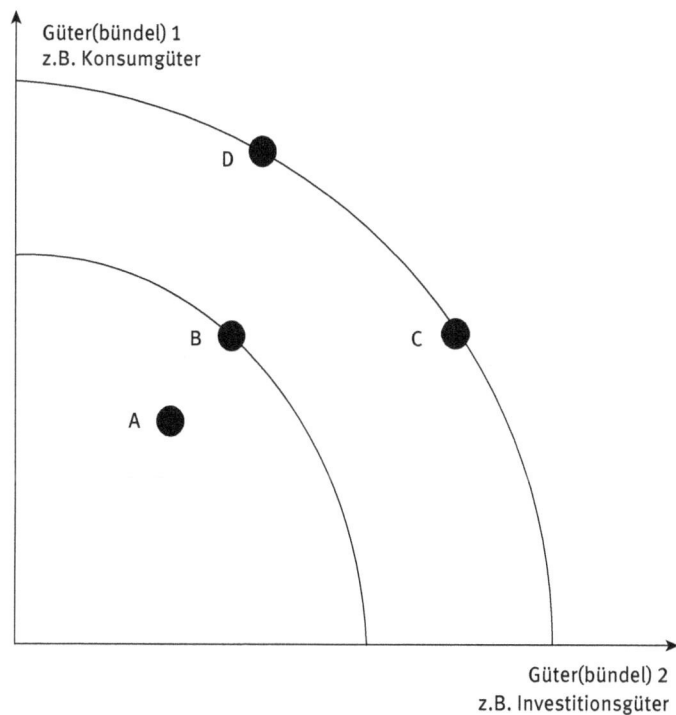

		Richtige Antwort ankreuzen
(a)	**Eine Bewegung von A zu B bedeutet:**	
I	Eine Zunahme des potentiellen BIP	☐
II	Eine Zunahme des BIP	☐
III	Eine bessere Nutzung der Produktionskapazitäten	☐
(b)	**Eine Bewegung von B zu C und eine Bewegung von der inneren zur äußeren Kurve bedeutet:**	
I	Eine Zunahme des potentiellen BIP	☐
II	Eine Zunahme des BIP	☐
III	Eine bessere Nutzung der Produktionskapazitäten	☐
(c)	**Eine Bewegung von C zu D bedeutet:**	
I	Eine Zunahme des potentiellen BIP	☐
II	Eine Zunahme des BIP	☐
III	Eine andere Nutzung der Produktionskapazitäten	☐

2. Lösung

Richtige Antworten: (a) II; III; (b) I; II; III; (c) III

3. Hinweise zur Lösung

Die Transformationskurve oder Produktionsmöglichkeitenkurve veranschaulicht mögliche Güterkombinationen, die mit Hilfe der vorhandenen Produktionsfaktoren, Arbeit, Boden, Kapital, in einer Volkswirtschaft hergestellt werden können. Sie bringt zum Ausdruck, welche unterschiedlichen Produktionsmengen möglich sind. Eine Bewegung von einer Güterkombination der Punkte unterhalb einer Transformationskurve zu einer auf der Transformationskurve (in der Abbildung z. B. von Punkt A zu Punkt B) kann als Wohlfahrtssteigerung verstanden werden. Diese Veränderung bringt aber auch zum Ausdruck, dass im Ausgangspunkt (im obigen Beispiel Punkt A) die Produktionsmöglichkeiten einer Volkswirtschaft nicht ausreichend (ineffizient) genutzt wurden. Verschiebt sich die Transformationskurve nach außen (vom Ursprung weg), vergrößert sich das Produktionspotential einer Volkswirtschaft (z. B. durch bessere Bildung, flexiblere Arbeitszeiten, Abbau von Regulierungen).

4. Literaturempfehlung

Samuelson, Paul A.; Nordhaus, William D. (2005): Volkswirtschaftslehre; 18. Auflage, Landsberg am Lech 2005, S. 28–32.

Mankiw, N. Gregory; Taylor, Mark P. (2012): Grundzüge der Volkswirtschaftslehre, 5. Auflage, Stuttgart 2012, S. 28–30.

Aufgabe 2: Produktionsmöglichkeiten/Transformationskurve II

Verstehen, Anwenden
Bearbeitungszeit: 10 Minuten

1. Aufgabenstellung

(a) Zeigen Sie anhand einer Produktionsmöglichkeitenkurve (syn. Transformationskurve), wie die Volkswirtschaft zwischen Produktionsalternativen wählen kann
und erklären Sie anhand verschiedener Produktionspunkte den Begriff der Opportunitätskosten.
(b) Zeigen Sie anhand der Grafik die Auswirkungen eines technischen Fortschritts in
einem Sektor auf mögliche Produktions- und Konsumpunkte der Volkswirtschaft.
(c) Erläutern Sie in diesem Zusammenhang, wie sich der für eine Volkswirtschaft so
wichtige Begriff „Strukturwandel" anhand dieses Konzeptes darstellen lässt.

2. Lösung

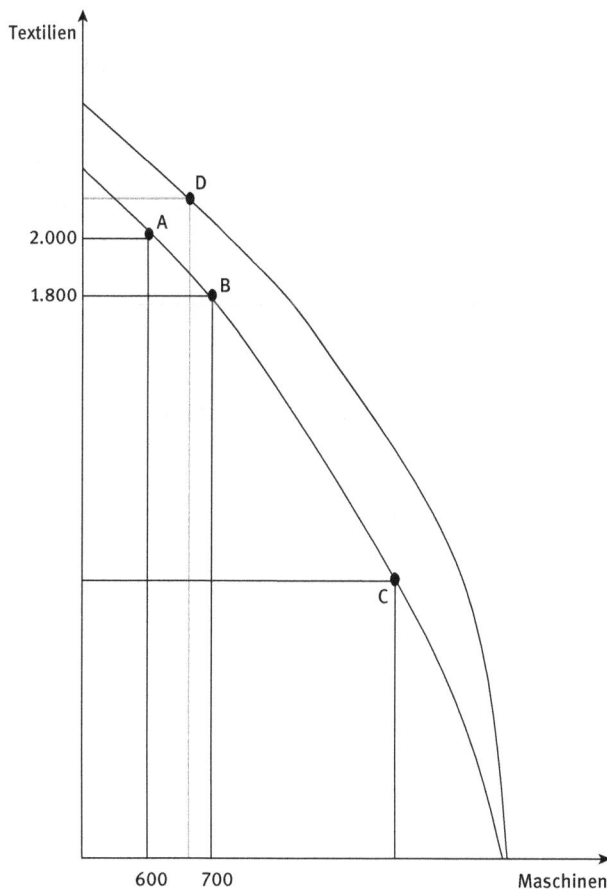

(a) Die Produktionsmöglichkeitenkurve stellt die Kombinationsmöglichkeiten des Outputs in einer Volkswirtschaft dar. Die Produktionspunkte auf der Kurve sind dabei effiziente Produktionspunkte, da hier alle Produktionsfaktoren (Arbeitskräfte, Kapital) voll ausgelastet sind. Die in der obigen Darstellung abgebildeten Punkte A, B und C zeigen mögliche Alternativen. Produktionspunkte außerhalb der Kurve sind nicht möglich, da die Kurve selbst bereits die Kapazitätsgrenze darstellt. Punkte unterhalb der Kurve sind möglich, aber ineffizient. Welchen Produktionspunkt die Volkswirtschaft letztlich wählt, hängt von den Präferenzen der Gesellschaft und damit der Konsumenten ab. Diese Präferenzen werden mittels einer gesellschaftlichen Indifferenzkurve dargestellt und sind hier nicht abgebildet.

Bei der Wahl der verschiedenen Produktionsalternativen entstehen Opportunitätskosten. Die Kurve zeigt, dass man in einem Sektor zwangsläufig Produktion aufgeben muss, wenn man in dem anderen Sektor die Produktion erhöhen will. Möchte die Gesellschaft also nun von Punkt A zu Punkt B wechseln, also in diesem Beispiel 100 Maschinen mehr produzieren, muss sie im Gegenzug auf 200 Einheiten Textilien verzichten. Die Opportunitätskosten einer Maschine betragen damit 2 Textilien.

(b) Der technische Fortschritt bedeutet, dass die Volkswirtschaft etwa durch Lerneffekte oder Innovationen mit den gleichen Produktionsfaktoren nun mehr produzieren kann. Aufgrund der Tatsache, dass hier ein technischer Fortschritt in nur einem Sektor unterstellt wird, dreht sich die Kurve und verschiebt sich nicht parallel (siehe Abbildung). Die Volkswirtschaft kann in der zweiten Situation jeden beliebigen Produktionspunkt auf der neuen Kurve wählen. Dieser hängt letztlich wieder von den Präferenzen der Gesellschaft insgesamt ab. In der Abbildung könnte Punkt D einen möglichen neuen Produktionspunkt darstellen. In diesem Fall wäre es für die Volkswirtschaft sogar möglich, die Produktion in beiden Sektoren im Vergleich zum Produktionspunkt A zu erhöhen, obwohl der technische Fortschritt nur in einem Sektor stattgefunden hatte.

(c) Die Antwort dieser Frage ergibt sich aus den vorherigen Ausführungen. Wie in der Abbildung oben dargestellt, wird gerade in der Außenhandelstheorie sehr häufig zwischen arbeits- und kapitalintensiven Produktionssektoren unterschieden. Entwicklungs- und Schwellenländer zeichnen sich üblicherweise durch einen hohen Anteil an landwirtschaftlicher oder, allgemein formuliert, arbeitsintensiver Produktion aus. Sie würden entsprechend in den Punkten A oder B produzieren (Schwerpunkt Textilien). Ein Industrieland hingegen zeichnet sich durch einen hohen Anteil an Dienstleistungen und eine relativ kapitalintensive Produktion aus, und der Anteil der landwirtschaftlichen Produktion ist demgegenüber gering. Ein solches Land würde in Punkt C produzieren. Mithilfe eines solchen Modells einer Produktionsmöglichkeitenkurve lässt sich nun sehr anschaulich ein möglicher struktureller Wandel bei den Produktionsanteilen darstellen und diskutieren: hier etwa durch das Ziel der Entwicklungs- und Schwellenländer, langfristig Punkt C erreichen zu wollen.

3. Hinweise zur Lösung

Mit Hilfe dieses Modells lässt sich sehr anschaulich zeigen, wie Ökonomen denken, indem sie die komplexe Realität durch vereinfachende Annahmen auf die wesentlichen innerhalb des Modells zu erklärenden Punkte reduzieren. Denn in der Realität produziert eine Volkswirtschaft tausend unterschiedliche Produkte. Da sich diese Komplexität allerdings kaum darstellen lässt, wird ein solches Modell verwendet, indem lediglich der mögliche Trade-off zwischen zwei Sektoren oder Produkten dargestellt wird.

4. Literaturempfehlung

Mankiw, N. Gregory; Taylor, Mark P. (2012): Grundzüge der Volkswirtschaftslehre, 5. Auflage, Stuttgart 2012, S. 30–34.

Siebert, Horst; Lorz, Oliver (2007): Einführung in die Volkswirtschaftslehre, 15. Auflage, Stuttgart 2007, Kapitel 2.

Aufgabe 3: Ökonomisches Prinzip

Wissen
Bearbeitungszeit: 10 Minuten

1. Aufgabenstellung

Erläutern Sie die Notwendigkeit des Wirtschaftens und gehen Sie dabei auf die beiden Ausprägungen des ökonomischen Prinzips ein.

2. Lösung

Die Notwendigkeit zu wirtschaften ergibt sich aus dem Verhältnis der Bedürfnisse und der Mittel, die zu deren Befriedigung zur Verfügung stehen. Bedürfnisse sind etwas Immaterielles und daher der Möglichkeit nach unendlich. Auf der anderen Seite werden zur Befriedigung dieser Bedürfnisse materielle Güter (auch Dienstleistungen, die ihrerseits dann an die dienstleistenden Personen gebunden und dadurch limitiert sind) benötigt. Diese Güter stehen jedoch in einem endlichen Umfang zur Verfügung. Diese Endlichkeit macht Güter zu einer knappen Ressource und begründet die Auseinandersetzung mit der Frage nach einer gewünschten Allokation. Die Beantwortung dieser Frage beschreibt die Essenz des Wirtschaftens.

3. Hinweise zur Lösung

Ökonomisch geboten ist eine Handlung dann, wenn sie Verschwendung vermeidet. Verschwendung liegt dann vor, wenn mehr als das notwendige Maß an Ressourcen aufzuwenden notwendig ist, um ein Bedürfnis zu befriedigen. Verschwendung zu vermeiden bedeutet die Einhaltung des ökonomischen Prinzips. Daraus lassen sich in Abhängigkeit von der Zielsetzung zwei Handlungsmaximen ableiten.

Minimalprinzip – Ein gegebenes Ziel mit dem geringstmöglichen Ressourceneinsatz erreichen.

Maximalprinzip – Mit gegebenen Ressourcen ein höchstmögliches Ziel erreichen.

4. Literaturempfehlung

Stocker, Ferry (2014): Moderne Volkswirtschaftslehre, 7. Auflage, München 2014, S. 24.
Brunner, Sibylle; Kehrle, Karl (2014): Volkswirtschaftslehre, 3. Auflage, München 2014, S. 178.

Aufgabe 4: Gossensche Gesetze

Wissen
Bearbeitungszeit: 10 Minuten

1. Aufgabenstellung

Nennen Sie die beiden Gesetze nach Hermann Heinrich Gossen.

2. Lösung

Erstes Gossensches Gesetz – Das Gesetz vom abnehmenden Grenznutzen.
Zweites Gossensches Gesetz – Das Gesetz vom Ausgleich der Grenznutzen.

3. Hinweise zur Lösung

Erstes Gossensches Gesetz – Das Gesetz vom abnehmenden Grenznutzen. Je mehr eines Gutes einem Wirtschaftssubjekt zur Verfügung steht, desto größer ist der aus diesem Gut resultierende Nutzen (die erste Ableitung der Nutzenfunktion ist positiv). Die Nutzenzuwächse nehmen jedoch mit zunehmender Menge dieses Gutes ab (die zweite Ableitung der Nutzenfunktion ist negativ).

Zweites Gossensches Gesetz – Das Gesetz vom Ausgleich der Grenznutzen. Das zweite Gossensche Gesetz folgt aus dem ersten. Aus dem abnehmenden Grenznutzen resultiert, dass eine Allokation (also die relativen Mengen zweier oder mehrerer Güter) dann den Nutzen des Wirtschaftssubjektes maximiert, wenn alle Güter einen identischen Grenznutzen aufweisen. Solange dieser Zustand nicht erreicht ist (also wenigstens ein Gut einen höheren Grenznutzen als die anderen aufweist) kann das Nutzenniveau insgesamt erhöht werden, wenn die Menge dieses Gutes zulasten der anderen Güter erhöht wird. Dadurch erhöht sich der Anteil des Gutes, das einen – in Relation zu den anderen Gütern – hohen Nutzenzuwachs auslöst. Aufgrund der relativ geringeren Grenznutzen der aufgegeben Güter, erhöht sich das Nutzenniveau insgesamt.

Diese relativen Veränderungen der Mengen der Güter führen jedoch auch zu Veränderungen bei den entsprechenden Grenznutzen. Der relativ hohe Grenznutzen des einen Gutes nimmt ab, je mehr die Menge dieses Gutes erhöht wird. Gleichzeitig steigt der Grenznutzen der anderen Güter, wenn deren Menge verringert wird. Es erfolgt also eine Angleichung, ein Ausgleich der Grenznutzen.

4. Literaturempfehlung

Stocker, Ferry (2014): Moderne Volkswirtschaftslehre, 7. Auflage, München 2014, S. 34–37.
Brunner, Sibylle; Kehrle, Karl (2014): Volkswirtschaftslehre, 3. Auflage, München 2014, S. 180–181.

Aufgabe 5: „Schweinezyklus"

Anwenden
Bearbeitungszeit: 3 Minuten

1. Aufgabenstellung

Was ist ein Schweinezyklus? Entscheiden Sie sich für jeweils eine Aussage!

	Richtige Aussage	Falsche Aussage	Aussage/Antwort
(a)	☐	☐	Ein Unternehmer braucht viel Geld für Investitionen und leiht sich Geld von der Bank. Sobald die Investitionen getätigt wurden, verdient er mehr Geld und braucht dann weniger Kredite.
(b)	☐	☐	Die Müllabfuhr streikt. Wenn der Streik beendet ist, muss sie Überstunden machen, um den Dreck von der Straße zu holen.
(c)	☐	☐	Kalbsfleisch ist teuer, darum züchten viele Bauern Kälber. Wenn diese geschlachtet werden, gibt es wieder zu viel Kalbsfleisch. Darum geben viele Bauern die Kälberzucht auf.
(d)	☐	☐	Schweinefleisch wird zum staatlich festgelegten Höchstpreis verkauft, deshalb erweitern die Landwirte die Produktion.
(e)	☐	☐	Die Lehrerausbildung ist teuer und dauert zudem viele Semester. Wenn die Lehrer ausgebildet sind und sie dann ein angemessenes Einkommen für Hochqualifizierte verlangen, stellt man manchmal fest, dass es zu viele davon gibt. Manche werden dann in ihrem erlernten Beruf als Lehrer nicht eingestellt. Das erfahren auch die Studienanfänger und studieren deshalb seltener ein Lehramtsfach.

2. Lösung

(a) falsche Aussage! Die Finanzierung von Investitionen durch Kredite steht nicht zwingend in einem kausalen Zusammenhang mit Preis- und Mengenreaktionen in der Folgeperiode.
(b) falsche Aussage! Es liegt keine Preisänderung vor als Ursache der Reaktion.
(c) richtige Aussage!
(d) falsche Aussage! Bei einer staatlichen Höchstpreisregelung würden die Landwirte ihre Produktion einschränken und nicht erweitern.
(e) richtige Aussage!

3. Hinweise zur Lösung

Der Begriff Schweinezyklus geht auf eine empirische Untersuchung von Arthur Hanau zum Beginn des 20. Jh. zurück. Dieser beschrieb eine bestimmte Preis- und Mengenreaktionen, welche auf verzögerten Angebotsanpassungen des Marktgeschehens beruhen, die in der Natur des jeweiligen Gutes begründet sind. Bei der Entscheidung, Schweine zu produzieren ist der Marktpreis zum Zeitpunkt der Bereitstellung des Schweinefleischs noch nicht bekannt. Kalkuliert wird mit dem Preis der Vorperiode oder mit einem erwarteten Preis. Im Partialmodell des Schweinezyklus, auch Cobweb-Theorem genannt, werden zudem das Vorhandensein vollkommener Konkurrenz, eine insgesamt steigende Nachfrage sowie verzögerte Mengenanpassungen der Anbieter unterstellt.

4. Literaturempfehlung

Hanau, Arthur (1972): Die Prognose der Schweinepreise, in: Institut für Konjunkturforschung (Hrsg.): Vierteljahreshefte zur Konjunkturforschung, Sonderheft 7, 2. Auflage, Berlin 1972.
Siebert, Horst; Lorz, Oliver (2007): Einführung in die Volkswirtschaftslehre, 15. Auflage, Stuttgart 2007, S. 98–99.

Aufgabe 6: Volkswirtschaftliche Gesamtrechnung I

Taxonomiestufe leicht
Bearbeitungszeit: 4 Minuten

1. Aufgabenstellung

Bitte ergänzen Sie den nachfolgenden Text mit zentralen Begriffen der Volkswirtschaftlichen Gesamtrechnung (VGR):
- Inlandskonzept
- Bruttoinlandsprodukt

- Inländerkonzept
- Bruttonationaleinkommen
- Saldo der Erwerbs- und Vermögenseinkommen

(a) Beim _____ wird in der VGR die Wirtschaftsleistung der in einem definierten Staatsgebiet wohnenden und arbeitenden Personen erfasst.

(b) Hingegen erfasst die VGR beim _____ die Wirtschaftsleistung von Inländern unabhängig davon, wo sie erbracht wurden. Das bedeutet, dass Inländer, die im Ausland leben und arbeiten, in die Leistungsberechnung mit einfließen, während die Leistung von im Inland wohnenden Ausländern heraus gerechnet wird.

(c) Das _____ ist größer als das

(d) _____ , wenn der

(e) _____ zwischen In- und Ausland positiv ist, und kleiner, wenn er negativ ausfällt.

2. Lösung

(a) Inlandskonzept
(b) Inländerkonzept
(c) Bruttonationaleinkommen (BNE)
(d) Bruttoinlandprodukt (BIP)
(e) Saldo der Erwerbs- und Vermögenseinkommen

3. Hinweise zur Lösung

Die Volkswirtschaftliche Gesamtrechnung, kurz VGR, bildet das quantitative Wirtschaftsgeschehen einer Volkswirtschaft (oder eines anderen definierten Wirtschaftsgebietes) Wirtschaftsgebietes unter Berücksichtigung der Wirtschaftsbeziehungen zum Ausland ab. Zeitlicher Bezug ist eine abgelaufene Periode, z. B. ein Wirtschaftsjahr. Die Schwerpunkte der Analyse bilden dabei die Berechnung der Entstehung, Verteilung und Verwendung des Bruttoinlandsprodukts (BIP) und des Bruttonationaleinkommens (BNE) sowie die Dokumentation der Umverteilungs- und Vermögensbildungsvorgänge. Unterschieden wird auch hinsichtlich des Wohn- und Arbeitsortes der Wirtschaftssubjekte.

4. Literaturempfehlung

Brümmerhoff, Dieter; Grömling, Michael (2011): Volkswirtschaftliche Gesamtrechnungen, 9. Auflage, München 2011.
Beck, Bernhard (2008): Volkswirtschaft verstehen, 2. Auflage, Zürich 2008; S. 217–232.

Aufgabe 7: Volkswirtschaftliche Gesamtrechnung II

Wissen, Bewerten
Bearbeitungszeit: 15 Minuten

1. Aufgabenstellung

Eine zentrale Größe des volkswirtschaftlichen Rechnungswesens ist das Bruttoinlandsprodukt.

(a) Definieren Sie, was das Bruttoinlandsprodukt (BIP) ist!

(b) Wie groß ist das Bruttoinlandsprodukt Deutschlands im vergangenen Jahr gewesen und wie hat es sich in den vergangenen 20 Jahren entwickelt?

(c) Grenzen Sie das Bruttoinlandsprodukt vom Nettoinlandsprodukt, vom Bruttonationaleinkommen und vom Nettonationaleinkommen ab!

(d) In den letzten Jahren ist verstärkt Kritik an der Eignung des Bruttoinlandsproduktes als Wohlstandsindikator aufgekommen. Welches sind die Kritikpunkte am Bruttoinlandsprodukt? Was spricht dagegen, das Bruttoinlandsprodukt als alleinige Messgröße für den Wohlstand und die Lebensqualität einer Volkswirtschaft zu verwenden? Nennen Sie vier Argumente! Welche alternativen Maße für Wohlstand kennen Sie?

2. Lösung

(a) Das Bruttoinlandsprodukt (BIP) misst den Gesamtwert aller produzierter Waren und Dienstleistungen, die in einer Volkswirtschaft innerhalb eines Jahres produziert werden; Vorleistungen werden dabei in Abzug gebracht.

(b) Das BIP (zu Marktpreisen) lag im Jahr 2014 bei 2,903 Billionen Euro; im Jahr 2010 lag das BIP bei 2,576 Billionen Euro, 2005 bei 2,298 Billionen Euro, 2000 bei 2,114 Billionen Euro und 1995 bei 1,898 Billionen Euro. Das jährliche Wachstum des BIP lag während der vergangenen 20 Jahre in einem Spektrum zwischen plus 5 % im Jahr 2007 und minus 4 % im Jahr 2009.

(c) Das Nettoinlandsprodukt (NIP) berechnet sich aus dem BIP abzüglich der Abschreibungen; die Abschreibungen sind die Kosten für den Verschleiß von Anlagen.

Das Bruttonationaleinkommen (BNE), früher auch Bruttosozialprodukt genannt, ist die Summe aller <u>von Inländern</u> erwirtschafteten Einkommen; hingegen repräsentiert das BIP die Summe aller <u>im Inland</u> erwirtschafteten Einkommen. Beim BIP gilt also das so genannte <u>Inlands</u>konzept, beim BNE das <u>Inländer</u>konzept. Ausgehend vom BIP gelangt man rechnerisch durch Subtrahieren der vom In- in das Ausland abgeflossenen Einkommen und durch Addieren der dem Inland aus dem Ausland zugeflossenen Einkommen zum BNE.

Das Nettonationaleinkommen (NNE) ergibt sich, in dem das BNE um die Abschreibungen reduziert wird.

(d) Das BIP misst den Wert aller Güter und Dienstleistungen, die in einer Volkswirtschaft pro Jahr hergestellt werden. Wohlstand und Lebensqualität in einer
Volkswirtschaft werden aber neben diesem materiellen Faktor auch noch von
anderen Dingen beeinflusst, die der Indikator BIP nicht erfasst. Dies sind z. B.
die Verteilung von Einkommen und Vermögen sowie ökologische Rahmenbedingungen (Umweltzerstörung, Naturverbrauch, Nachhaltigkeit, Artenvielfalt etc.).
Zu berücksichtigen ist auch, dass das BIP solche Güter und Dienstleistungen
ausklammert, die unentgeltlich im Haushalt erbracht werden. Schließlich sind
Wohlstand und Lebensqualität auch von Faktoren wie Freizeit, Familie, Glück,
Bildungschancen, Freiheit usw. abhängig, die über das BIP nicht (direkt) erfasst
werden.

Alternative bzw. ergänzende Messgrößen sind z. B.:
- der Gini-Koeffizient als Verteilungsmaß;
- der von den Vereinten Nationen berechnete Human-Development-Index
  (HDI), der neben dem BNE pro Kopf die Lebenserwartung sowie die Dau-
  er des Schulbesuchs einbezieht;
- der von der New Economics Foundation erhobene Happy-Planet-Index (HPI),
  der als Indikatormix Lebenserwartung, Lebenszufriedenheit und Naturverbrauch berücksichtigt.

3. Hinweise zur Lösung

Das BIP ist eine zentrale Messgröße für die ökonomische Aktivität einer Volkswirtschaft. Um ein gutes Verständnis über das BIP und der für diese Messgröße geltenden
Annahmen zu erlangen, erscheint eine Abgrenzung zu verwandten Größen wie NIP,
BNE und NNE sinnvoll. Gerade in jüngerer Zeit stößt die Verwendung des BIP als Indikator zur Wohlstandsmessung auf erhebliche Kritik; aus diesem Grund sollte Klarheit
darüber herrschen, was das BIP misst, was dieses Messkonzept nicht beinhaltet und
welche alternativen bzw. ergänzenden Größen für die Wohlstandsmessung verwendet werden können. Sehr hilfreich für die Bearbeitung dieser Aufgabe ist – neben der
angegebenen Literatur – auch ein Blick auf die Homepage des Statistischen Bundesamts.

4. Literaturempfehlung

Dornbusch, Rüdiger; Fischer, Stanley; Startz, Richard (2003): Makroökonomik, 8. Auflage, München
    2003, S. 27–30.
Mankiw, N. Gregory (2011): Makroökonomik, 6. Auflage, Stuttgart 2011, S. 19–54.

Aufgabe 8: Zahlungsbilanz (Überblick)

Wissen
Bearbeitungszeit: 6 Minuten

1. Aufgabenstellung

Füllen Sie den nachfolgenden Lückentext auf mit folgenden Begriffen:
- Geldpolitik
- Bilanz der Erwerbs- und Vermögenseinkommen,
- Leistungsbilanzdefizite,
- Übertragungsbilanz,
- Güterströme,
- Handelsbilanz,
- Dienstleistungsbilanz,
- Leistungsbilanzüberschüsse,
- Währungsreserven,
- Zahlungsbilanz,
- Dienstleistungsströme.

Die (a) _____ dokumentiert die wirtschaftlichen Transaktionen zwischen Inland und Ausland, gerechnet in Geldeinheiten, bzw. als Stromgröße, bezogen auf ein Jahr. Die Aufstellung umfasst die (b) _____ und die (c) _____ zwischen In- und Ausland.

Die wichtigste Teilbilanz ist die Leistungsbilanz, die sich ihrerseits gliedert in die (d) _____ , die (e) _____ , die (f) _____ und in die (g) _____ . Alle Zahlungen an das Ausland stehen in den Bilanzen rechts (d. h. im Haben); Zahlungseingänge aus dem Ausland stehen links (d. h. im Soll).

(h) _____ entstehen dann, wenn zum Beispiel die Summe der ins Ausland fließenden Zahlungen niedriger sind als die ins Inland strömenden; erfolgen insgesamt mehr Zahlungen an das Ausland (z. B. weil viel importiert wird, bzw. Geld für Auslandsurlaube ausgegeben wird) als umgekehrt entstehen (i) _____ .

Anhaltende Leistungsbilanzungleichgewichte wirken sich auf die Geldmenge sowie die (j) _____ in einer Volkswirtschaft aus und führen üblicherweise zu Maßnahmen der (k) _____ .

2. Lösung

(a) Zahlungsbilanz, (b) Güterströme, (c) Dienstleistungsströme, (d) Handelsbilanz, (e) Dienstleistungsbilanz, (f) Bilanz der Erwerbs- und Vermögenseinkommen, (g) Übertragungsbilanz, (h) Leistungsbilanzüberschüsse, (i) Leistungsbilanzdefizite, (j) Währungsreserven, (k) Geldpolitik

3. Hinweise zur Lösung

Eine Zahlungsbilanz ist eine systematische Darstellung der wirtschaftlichen Aktivitäten und Austauschvorgänge zwischen In- und Ausländern (Inland und Ausland), bezogen auf ein Wirtschaftsjahr oder einen anderen definierten Zeitraum. Sie stellt die Interaktionen aller wirtschaftlichen Güter-, Dienstleistungs- und Kapitalströme eines Landes mit dem Ausland gegenüber. Die Zahlungsbilanz besteht vor allem aus einzelnen Teilbilanzen: Handels-, Leistungs-, Kapital-, Devisenbilanz, ferner aus Ausgleichs- und Restposten. Zahlungen an das Ausland stehen in den Bilanzen im Haben und Zahlungseingänge aus dem Ausland stehen im Soll. Sog. Leistungsbilanzüberschüsse entstehen zum Beispiel dann, wenn die Summe der ins Ausland fließenden Zahlungen niedriger ist als die ins Inland strömenden. Im umgekehrten Fall entstehen Leistungsbilanzdefizite.

4. Literaturempfehlung

Caspers, Rolf (2002): Zahlungsbilanz und Wechselkurse, München, Wien 2002.
Statistisches Bundesamt, Deutsche Bundesbank (2015) (Hrsg.): Außenhandel und Dienstleistungen der Bundesrepublik Deutschland mit dem Ausland – Berichtszeitraum 2010 bis 2014, Wiesbaden 2015, http://www.bundesbank.de/Redaktion/DE/Standardartikel/Statistiken/publikationen_zahlungsbilanz.html (Aufruf zuletzt 2. 11. 2015)

Aufgabe 9: Zahlungsbilanz und Gleichgewicht

Anwendung, Transfer
Bearbeitungszeit: 30 Minuten

1. Aufgabenstellung

(a) Erläutern Sie, was unter der Zahlungsbilanz eines Landes zu verstehen ist.
(b) Was ist unter der Maßgabe flexibler Wechselkurse unter einer Zahlungsbilanzidentität zu verstehen?
(c) Die Bundesrepublik Deutschland erzielt seit vielen Jahren Exportüberschüsse, die Vereinigten Staaten Importüberschüsse. Wie wirkt sich dieses auf die Zahlungsbilanz dieser Länder aus und wann spricht das deutsche Stabilitäts- und Wachstumsgesetz sowie die EU-Kommission von einem gesamtwirtschaftlichen Gleichgewicht?
(d) Wie wirkt sich die Abwertung der inländischen Währung auf die eigene Zahlungsbilanz aus?
(e) Stellen Sie sich vor, dass die heimische Zentralbank die Leitzinsen – nach einer Phase niedriger Zinsen – in den nächsten Monaten wieder anheben wird. Wie wirkt sich diese Ankündigung auf den Wechselkurs in Mengennotierung $\frac{\$}{€}$ aus?

2. Lösung

(a) In der Zahlungsbilanz eines Landes werden alle Transaktionen des Landes mit dem Rest der Welt verbucht. Zu den Transaktionen zählen der Kauf oder Verkauf von Gütern und Dienstleistungen sowie Vermögenswerten oder einfach nur die Übertragung von Vermögenswerten von dem Land in ein anderes Land. Die Zahlungsbilanz besteht aus den Teilbilanzen:
  – Leistungsbilanz (Teilbilanzen: Handelsbilanz, Ergänzungen zur Handelsbilanz (Transitkosten), Dienstleistungsbilanz, Erwerbs- und Vermögensbilanz und Bilanz der laufenden Übertragungen)
  – Vermögensübertragungsbilanz (Transaktionen: Übertragung von Vermögenswerten)
  – Kapitalbilanz (Teilbilanzen: Devisenbilanz und Kapitalverkehrsbilanz)
  – Bilanz der ungeklärten Restposten

(b) Die Zahlungsbilanzidentität besagt, dass die Summe aus den Salden der Teilbilanzen der Zahlungsbilanz gleich null sein muss:
Saldo der Zahlungsbilanz = Saldo der Leistungsbilanz + Saldo der Kapitalbilanz + Saldo der Vermögensübertragungsbilanz = 0
Jede Buchung in der Zahlungsbilanz ist auch mit einer Gegenbuchung verbunden.

(c) Die Exportüberschüsse in Deutschland führen dazu, dass die Leistungsbilanz in Deutschland Überschüsse aufweist. Die Importüberschüsse in den USA führen dazu, dass die Leistungsbilanz in den USA defizitär ist.
Das deutsche Stabilitäts- und Wachstumsgesetz (StWG) spricht von einem außenwirtschaftlichen Gleichgewicht, falls sich Leistungsbilanzsalden vermeiden lassen.
Die EU-Kommission spricht von einem makroökonomischen Ungleichgewicht, falls auf dreijähriger Basis der Leistungsbilanzüberschuss bzw. -fehlbetrag den Schwellenwert von 6 % des BIP überschreitet.

(d) In der Mengennotierung $\frac{\$}{\text{€}}$ bewirkt die Abwertung der Inlandswährung (€) eine Verminderung des Wechselkurses. Ökonomisch vergünstigen sich dadurch die Exporte, da in Dollar weniger für die Produkte und Dienstleistungen gezahlt werden muss. Die Importe verteuern sich, Inländer müssen mehr Euro geben, um Importwaren zu kaufen. Die Folge ist, dass sich Leistungsbilanzüberschüsse vergrößern und Leistungsbilanzdefizite abgebaut werden.

(e) Bei einer Wende in der Zinspolitik ist zu erwarten, dass, aufgrund der Erwartung eines steigenden Zinsniveaus in den USA, Investoren verstärkt auf Geldanlagen in den USA zurückgreifen. Dadurch nimmt die Nachfrage nach Dollar zu, die Folge ist ein sinkender Wechselkurs in Mengennotierung. Der Dollar wertet im Vergleich zum Euro auf.

3. Hinweise zur Lösung

In der Realität werden nicht alle außenwirtschaftlichen Vorgänge statistisch erfasst. Diese Restposten werden in die Bilanz der ungeklärten Restposten eingestellt.

4. Literaturempfehlung

EU-Kommission (2015): Arbeitsunterlage der Kommissionsdienststellen – Länderbericht Deutschland 2015 mit eingehender Überprüfung der Vermeidung und Korrektur makroökonomischer Ungleichgewichte, Brüssel 2015, S. 17.

Mankiw, N. Gregory; Taylor, Mark P. (2012): Grundzüge der Volkswirtschaftslehre, 5. Auflage, Stuttgart 2012, S. 853 ff.

Rübel, Gerhard (2013): Außenwirtschaft: Grundlagen der realen und monetären Theorie, München, 2013, S. 5 ff.

Aufgabe 10: Wechselkurse und Kaufkraftparitätentheorie

Wissen, Verstehen
Bearbeitungszeit: Minuten

1. Aufgabenstellung

(a) Erläutern Sie, was Wechselkurse sind und gehen Sie dazu auf die Begriffe realer und nominaler Wechselkurs ein.

(b) Erläutern Sie die Zinsparitätentheorie als Erklärungsmodell von Wechselkursen.

(c) Erläutern Sie die Kaufkraftparitätentheorie Erklärungsmodell von Wechselkursen.

2. Lösung

(a) Ein nominaler Wechselkurs ist das Austauschverhältnis zweier Währungen, z. B. wird die heimische Währung in das Verhältnis gesetzt zur ausländischen Währung:

$$\text{Nominaler Wechselkurs} = \frac{\text{inländische Währung}}{\text{ausländische Währung}}$$

Ein solcher Wechselkurs ist das Austauschverhältnis von zwei Währungen und gibt an, wie viel inländische Währung, z. B. €, eingesetzt werden muss, um eine Einheit ausländische, z. B. $, zu kaufen. Es ergibt sich der Wechselkurs w:

$$w = \frac{0,75\,€}{1\,\$} = 0,75$$

Dieser Wechselkurs w ist die sogenannte Preisnotierung. Der Kehrwert dieser Preisnotierung ist die Mengennotierung e:

$$e = \frac{1\,\$}{0,75\,€} = \frac{1,33\,\$}{1\,€} = 1,33$$

Hierbei wird ermittelt, wie viele Einheiten ausländischer Währung notwendig sind, um eine Einheit inländischer Währung zu kaufen. Die Mengennotierung gibt den Außenwert der inländischen Währung an. Die Mengennotierung wird von der EZB, von der Presse und an den Finanzmärkten eingesetzt.

Beim realen Wechselkurs wird der Preis für den repräsentativen Warenkorb des Auslandes mit dem Preis für den repräsentativen Warenkorb des Inlandes in Beziehung gesetzt. Am Beispiel von den USA und dem Euroraum ergibt sich der reale Wechselkurs $\frac{w}{p}$ durch:

$$\frac{w}{p} = \frac{\text{Preis des repräsentativen Warenkorbs in den USA in \$}}{\text{Preis des repräsentativen Warenkorbs in Europa in €}}$$

Im Vordergrund steht hier die Kaufkraft von Währungen, eine Anstieg des realen Wechselkurses geht mit einer realen Abwertung des Dollars bzw. Aufwertung des Euros (und umgekehrt) einher.

(b) Die Zinsparitätentheorie geht davon aus, dass ein unterschiedliches Zinsniveau in unterschiedlichen Währungsgebieten Investoren motiviert, in dem jeweiligen Währungsräumen mit den spezifischen Zinsniveaus zu investieren. Dabei wird das Land mit einem höheren Zinsniveau bevorzugt. Aufgrund dieser Renditedifferenzen erfolgen Wechselkursanpassungen. Das ist die Kernaussage der Zinsparitätentheorie. Die Wechselkurse führen demnach zur Parität: die Investoren stellen sich gleich gut bei der Investition in den einen Währungsraum im Vergleich zu dem anderen Währungsraum.

(c) Die Grundidee der Kaufkraftparitätentheorie ist, dass gleiche Güter weltweit den gleichen Preis, umgerechnet mit den jeweiligen Wechselkursen in eine einheitliche Währung, wie z. B. dem Dollar, aufweisen sollten. Nach der „Law of one Price" (Gesetz des einheitlichen Preises) sollte sich auf dem Weltmarkt ein einheitlicher Preis ergeben. Die Kaufkraftparitätentheorie gibt demnach Anhaltspunkte bezüglich der langfristigen Entwicklung der Wechselkurse.

3. Hinweise zur Lösung

Der Economist veröffentlicht regelmäßig den sog. Big Mac Index zur empirischen Untersuchung der Kaufkraftparitätentheorie. Der Big Mac wird dabei als homogenes Gut betrachtet, das in sehr vielen Ländern der Welt angeboten wird. Dieses soll einen Hinweis auf die Kaufkraft des jeweiligen Landes geben. Zu berücksichtigen ist, dass es hierbei Verzerrungen gibt. Diese können z. B. durch inländische Faktoren wie ein hohes Preisniveau hervorgerufen werden. Das hohe Preisniveau wirkt verzerrend auf den Produktpreis ein. Weitere Treiber eines hohen Preisniveaus können höhere Löhne oder Mietaufwendungen, Transaktionskosten sowie Marktbeschränkungen und Marketingstrategien sein.

Aufgabe 11: Preisniveaustabilität

Wissen, Anwenden
Bearbeitungszeit: 25 Minuten

1. Aufgabenstellung

Das Statistische Bundesamt ermittelt für Deutschland jeden Monat den sogenannten Verbraucherpreisindex (VPI). Die prozentuale Veränderung des VPI innerhalb von zwölf Monaten wird auch Inflationsrate genannt.

Der Homepage des Statistischen Bundesamtes waren im August 2014 die folgenden Jahresdurchschnittswerte für den VPI zu entnehmen:

Jahr	Verbraucherpreisindex (2010 = 100)
2013	105,7
2012	104,1
2011	102,1
2010	100,0
2009	98,9
2008	98,6
2007	96,1
2006	93,9
2005	92,5
2004	91,0
2003	89,6
2002	88,6
2001	87,4
2000	85,7
1999	84,5
1998	84,0
1997	83,2
1996	81,6
1995	80,5
1994	79,1
1993	77,1
1992	73,8
1991	70,2

(a) Was ist der VPI? Erklären Sie das Messkonzept!
(b) Welche Bedeutung hat die Angabe „2010 = 100"?
(c) Definieren Sie die Begriffe *Inflation* und *Deflation*!
(d) Erläutern Sie, welche Probleme es bei der Inflationsmessung mittels VPI gibt!
(e) Ermitteln Sie die prozentuale Veränderung des VPI für folgende Zeiträume:
    (i)   2010 bis 2011;
    (ii) 2011 bis 2013;
    (iii) 1991 bis 2013!

(f) Würden Sie angesichts des hohen Wertes, den Sie in der vorangegangenen Teilaufgabe für den Zeitraum 1991 bis 2013 berechnet haben, sagen, dass es ein Inflationsproblem gab?

(g) Sie sind Sachbearbeiter in der statistischen Abteilung einer Industrie- und Handelskammer. Ein Einzelhandelsunternehmen, das seine Geschäftsräume im Januar 2010 angemietet hat, fragt bei Ihnen Anfang des Jahres 2013 um Rat hinsichtlich einer im Mietvertrag festgelegten Wertsicherungsklausel, die folgendermaßen lautet: *„Verändert sich der vom Statistischen Bundesamt veröffentlichte jahresdurchschnittliche Verbraucherpreisindex für Deutschland um mindestens zwei Prozent gegenüber dem Jahr des Mietbeginns bzw. gegenüber dem Jahr der letzten Indexveränderung, die eine Mieterhöhung zur Folge hatte, so ändert sich mit Wirkung zum 1. Januar des Folgejahres automatisch der Mietzins im gleichen Verhältnis".* Nachdem der VPI von 2010 auf 2011 um mehr als 2% angestiegen war, erhöhte der Vermieter die Miete zum 1. Januar 2012 um 2,1%. Nun behauptet der Vermieter, es sei erneut eine Mieterhöhung fällig, weil der VPI zwischen 2011 und 2012 erneut um 2% angestiegen sei; aus seiner Sicht sei die Angelegenheit eindeutig, denn der VPI habe sich um zwei Punkte erhöht. Was raten Sie dem Einzelhandelsunternehmen?

2. Lösung

(a) Mit dem VPI wird die durchschnittliche Preisentwicklung aller von privaten Haushalten für Konsumzwecke gekauften Waren und Dienstleistungen ermittelt. Hinter dem VPI steht ein repräsentativer Warenkorb, der in seiner Zusammensetzung regelmäßig – in der Regel alle fünf Jahre – an die aktuellen Verbrauchsgewohnheiten angepasst wird, und alle von privaten Haushalten im Durchschnitt gekauften Güter erfasst. Der Preis dieses Warenkorbs in Euro wird vom Statistischen Bundesamt in monatlichen Abständen ermittelt. Um Vergleiche von Änderungen der Kosten des Warenkorbs zu erleichtern, erfolgt eine Indexierung. Hierzu wird zunächst ein als Vergleichsgröße für andere Jahre dienendes Basisjahr festgelegt, und der Wert des VPI wird für dieses Basisjahr auf 100 gesetzt. Der Indexwert für einen bestimmten Zeitpunkt berechnet sich aus dem Quotienten aus dem Preis des Warenkorbs in Euro zu dem bestimmten Zeitpunkt und dem Preis des Warenkorbs in Euro im Basisjahr, multipliziert mit 100.

(b) Diese Angabe bedeutet, dass das Jahr 2010 das Basisjahr ist, in dem der Indexwert auf 100 gesetzt wurde.

(c) Inflation ist der beständige Anstieg des allgemeinen Preisniveaus. Dies ist nicht gleichbedeutend mit dem Anstieg einzelner Güterpreise, wodurch Knappheitsrelationen am Markt deutlich werden. Deflation ist die beständige Abnahme des allgemeinen Preisniveaus. Die Messung von Inflation bzw. Deflation erfolgt mithilfe des VPI.

(d) Wenn zu lange an dem Wägungsschema für einen Warenkorb festgehalten wird, ist der VPI nicht mehr aussagekräftig, weil der Warenkorb dann nicht mehr den aktuellen Verbrauchsgewohnheiten entspricht.

Änderungen der Preise einzelner Güter gehen normalerweise mit Mengenänderungen einher; wenn ein Gut teurer wird, werden die Konsumenten normalerweise weniger von diesem Gut nachfragen. Der VPI ist ein so genannter Laspeyres-Index, der die mit Preisänderungen einhergehenden Mengenveränderungen unberücksichtigt lässt. Das Mengengerüst in einem Warenkorb ist (jedenfalls bis zu dessen Anpassung) fest. Den sich daraus ergebenden Messfehler nennt man Gütersubstitutionsfehler.

Denkbar ist auch, dass Qualitätsverbesserungen oder -verschlechterungen für Preisänderungen von Gütern im Warenkorb ursächlich sind; werden diese Qualitätsveränderungen nicht, sondern nur die daraus resultierenden Preisänderungen erfasst, ergibt sich ebenfalls ein Messfehler.

Je mehr der individuelle Warenkorb eines bestimmten Haushalts vom repräsentativen Warenkorb des Durchschnittshaushalts abweicht, desto mehr wird sich die individuelle Inflationsrate dieses bestimmten Haushalts von der amtlich mit Hilfe des VPI ermittelten Inflationsrate unterscheiden; insofern ist die amtlich gemessene Inflationsrate nicht repräsentativ für jeden Haushalt.

(e) Die Prozentzahl für die Veränderung des VPI wird berechnet, indem zunächst der Quotient aus dem zeitlich später liegenden Indexwert und dem zeitlich früher liegenden Indexwert gebildet wird und anschließend 1 subtrahiert wird. Der sich ergebende Wert ist anschließend mit 100 zu multiplizieren.

   (i)   2,1 [%]
   (ii) 3,5 [%]
   (iii) 50,6 [%]

(f) Der Wert bezieht sich auf den gesamten Zeitraum von 1991 bis 2013. Im Durchschnitt ergibt sich eine jährliche Preissteigerungsrate von knapp unter 2 %; dies entspricht in etwa dem Zielwert der EZB. Ein Inflationsproblem gab es also nicht.

(g) Gemäß dem in (e) vorgestellten Verfahren hat sich der VPI um 1,96 % verändert. Insofern ist noch keine Mieterhöhung fällig. Der Vermieter hat vermutlich fälschlicherweise die Differenz zwischen den Indexwerten gebildet anstatt die prozentuale Veränderung zu berechnen.

3. Hinweise zur Lösung

Um die Entwicklung des Preisniveaus berechnen zu können, sollte Kenntnis über das zugrunde liegende Messkonzept vorliegen. Zum besseren Verständnis könnte es sinnvoll sein, vor der Bearbeitung der Aufgabe die statistischen Grundlagen zur Indexbildung zu wiederholen.

4. Literaturempfehlung

Clement, Reiner; Terlau, Wiltrud; Kiy, Manfred (2013): Angewandte Makroökonomie, 5. Auflage, München 2013, S. 20–24 und S. 306–309.
Wildmann, Lothar (2010): Makroökonomie, Geld und Währung, 2. Auflage, München 2010, S. 137–139.

Aufgabe 12: Geldsystem und Preisniveaustabilität

Wissen, Anwenden
Bearbeitungszeit: 15 Minuten

1. Aufgabenstellung

(a) Erklären Sie, was Ökonomen unter Preisniveaustabilität verstehen. Wer ist innerhalb der Eurozone für dieses Ziel verantwortlich?

(b) Worin besteht der Unterschied zwischen der Deutschen Bundesbank und der Deutschen Bank? Erklären Sie in diesem Zusammenhang, was man unter einem zweistufigen Bankensystem versteht und warum dieses von Ökonomen als grundlegend wichtig angesehen wird.

(c) Was beschreibt die Wertaufbewahrungsfunktion des Geldes und warum wird diese durch inflationäre Entwicklungen gefährdet?

2. Lösung

(a) Unter Preisniveaustabilität verstehen Ökonomen das Erreichen des makroökonomischen Ziels einer niedrigen Inflationsrate, die üblicherweise durch den Anstieg der Verbraucherpreise gemessen wird. Den Anstieg der Verbraucherpreise in einem Land messen die Statistischen Ämter mit Hilfe eines Warenkorbs. Darin enthalten sind Waren (und deren Preise), die von einem repräsentativen Haushalt monatlich konsumiert werden. Durch den Ausdruck „Preis*niveau*" wird zum Ausdruck gebracht, dass bei der Messung der Verbraucherpreise auf den Warenkorb insgesamt und nicht lediglich auf einzelne Preise abgestellt wird.
Innerhalb der Eurozone ist die Europäische Zentralbank (EZB) für das Erreichen dieses Ziels verantwortlich. Das wirtschaftspolitische Ziel liegt bei einem jährlichen Anstieg der Verbraucherpreise von „gut 2 Prozent".

(b) Die Deutsche Bundesbank ist die deutsche Zentralbank und damit eine der derzeit 19 Zentralbanken innerhalb des Systems der Eurozone. Die Deutsche Bank hingegen ist eine Geschäftsbank. Die Unterteilung zwischen Zentralbanken und Geschäftsbanken wird als zweistufiges Bankensystem bezeichnet. Auf der ersten Stufe steht die Zentralbank, die vor allem für die Geldversorgung einer Volkswirtschaft und deren Geldwertstabilität verantwortlich ist. Auf der zweiten Stufe stehen die Geschäftsbanken, die das tägliche Kreditgeschäft mit Kunden (Haushalte, Unternehmen) zur Aufgabe haben. Die Unterscheidung ist deshalb wichtig, weil zur Erreichung der Geldwertstabilität von Wirtschaftswissenschaftlern die Errichtung einer unabhängigen Zentralbank propagiert wird.

(c) Die Wertaufbewahrungsfunktion des Geldes beschreibt, inwieweit Menschen ihre Kaufkraft von heute in die Zukunft verlagern können. Bei einem relativ stabilen Geldwert sind sie also in der Lage, auch in Zukunft eine in etwa gleiche Menge an Waren kaufen zu können. Inflationäre Entwicklungen gefährden diese Funktion. Bei einem monatlichen Nettoeinkommen von 1.000 Euro und einem Preis für ein Pfund Butter von 1 Euro könnte man also 1.000 Packungen Butter einkaufen. Verdoppelt sich allerdings der Preis für die Butter innerhalb eines Jahres, würde die Kaufkraft (gemessen in Butterkäufen) jedoch um die Hälfte sinken, denn es könnten nur noch 500 Einheiten Butter gekauft werden. Die Wertaufbewahrungsfunktion des Geldes wäre nicht mehr gegeben.

3. Hinweise zur Lösung

Durch den Ausdruck „Preis*niveau*" wird zum Ausdruck gebracht, dass bei der Messung der Verbraucherpreise auf die Entwicklung des Warenkorbs insgesamt und nicht lediglich auf einzelne Preise abgestellt wird. Würden Sie also einen Anstieg der Limonadenpreise oder Brötchenpreise in Ihrer Firmenkantine bemerken, würden Ökonomen noch nicht von Inflation sprechen, sondern nur von der Änderung einzelner Preise. Vor diesem Hintergrund wird diese Aufgabe in Klausuren auch oft falsch interpretiert oder beantwortet, weil sich darin Sätze finden wie „Steigt zum Beispiel der Colapreis im Sommer an, steigt die Inflation". Diese Formulierung ist natürlich falsch, weil es durchaus sein kann, dass in demselben Monat die Preise für Benzin an der Tankstelle deutlich gefallen sind, womit sich innerhalb des vom Statistischen Bundesamtes gemessenen Warenkorbs ceteris paribus keine Änderung der Inflation ergeben könnte. Preisanstiege einiger Güter können sich durch Preissenkungen anderer Güter wieder ausgleichen, sodass der Verbraucherpreisindex insgesamt nicht ansteigt.

Ein Blick in die Vergangenheit zeigt, dass Länder, in denen eine solch strikte Trennung zwischen Zentralbank und Geschäftsbanken nicht vorgenommen wurde, durch wesentlich höhere Inflationstendenzen gekennzeichnet waren. Bereits im Mittelalter wurden Zahlungsmittel „aufgeweicht", indem der Rohstoffgehalt der Gold- und Silbermünzen reduziert wurde. Ebenso wurde in vielen Entwicklungsländern eine solch strikte Trennung nicht vorgenommen. In diesem Zusammenhang wird vor allem die politische Unabhängigkeit einer Zentralbank eingefordert, um einen stabilen Geldwert realisieren zu können. Denn Regierungen könnten ein Interesse haben, eine höhere Inflation zuzulassen, um sich finanzpolitisch zu entlasten oder andere gewünschte makroökonomische Effekte (Wechselkurse, Arbeitsmarkt) herbeizuführen. In einem solchen Fall wäre eine politische Abhängigkeit der Zentralbank von Nachteil, weil sie Entscheidungen nicht mehr autonom fällen dürfte, sondern die Geldversorgung dann (zumindest in Teilen) weisungsgebunden wäre.

4. Literaturempfehlung

Altmann, Jörn (2007): Wirtschaftspolitik, 8. Auflage, Stuttgart 2007, Kapitel 4.3, S. 132 ff.

Aufgabe 13: Fiatgeld

Verstehen
Bearbeitungszeit: 20 Minuten

1. Aufgabenstellung

Erläutern Sie den Begriff Fiatgeld. Wie wird es geschöpft und wie kann die allgemeine Akzeptanz als Geld begründet werden?

2. Lösung

Als Fiatgeld bezeichnet man Geld, das keinen intrinsischen Wert besitzt, also nicht durch irgendeinen Sachwert gedeckt ist. Es wird schlicht durch den Akt der Emission geschöpft. Die allgemeine Akzeptanz von Fiatgeld kann trotz seiner intrinsischen Wertlosigkeit dadurch begründet werden, dass es einen gesellschaftlichen Konsens darüber gibt, dass dieses Geld jederzeit gegen Waren getauscht werden kann.

3. Hinweise zur Lösung

In einem zweistufigen Bankensystem schöpft zunächst die Zentralbank Fiatgeld (Zentralbankgeld) durch Kreditvergabe an Geschäftsbanken. Geschäftsbanken können dann selbst Geld schöpfen, indem sie ihrerseits Kredite an Nichtbanken vergeben. Im ersten Schritt erfolgt dies durch einen Buchungssatz. Die Geschäftsbank bucht der Nichtbank simultan eine Forderung (Gutschrift des Kreditbetrages auf dem Zahlungsverkehrskonto) und eine Verbindlichkeit (Kredit) ein. Dazu wird noch kein Zentralbankgeld benötigt. Erst wenn die Nichtbank das Geld dem Bankensystem entziehen möchte, zum Beispiel durch Barauszahlung, braucht die Bank Zentralbankgeld. Wird das durch die Kreditvergabe geschöpfte Geld jedoch für eine unbare Zahlung herangezogen, so ist auch hier kein Zentralbankgeld notwendig, da die empfangende Bank der sendenden Bank ihrerseits einen Kredit einräumen kann.

Die allgemeine Akzeptanz von Fiatgeld kann trotz seiner intrinsischen Wertlosigkeit dadurch begründet werden, dass es einen gesellschaftlichen Konsens drüber gibt, dass dieses Geld jederzeit gegen Waren getauscht werden kann. Dies kann zum Beispiel dadurch erreicht werden, dass der Staat dieses Geld zum Ausgleich von Steuerschulden akzeptiert.

4. Literaturempfehlung

Moritz, Karl-Heinz (2012): Geldtheorie und Geldpolitik, 3. Auflage, München 2012, S. 83–86.
Stocker, Ferry (2014): Moderne Volkswirtschaftslehre, 7. Auflage, München 2014, S. 270–271.
Brunner, Sibylle; Kehrle, Karl (2014): Volkswirtschaftslehre, 3. Auflage, München 2014, S. 571–576.

Aufgabe 14: Wirtschaftsordnungen

Wissen
Bearbeitungszeit: 20 Minuten

1. Aufgabenstellung

Stellen Sie die beiden idealtypischen Wirtschaftssysteme der freien Marktwirtschaft (FMW) und der zentralen Verwaltungswirtschaft (ZVW) anhand von 3 Kriterien gegenüber und verorten Sie zwischen diesen beiden Polen das in der Bundesrepublik Deutschland gültige System der sozialen Marktwirtschaft.

2. Lösung

Kriterium	Ausprägung FMW	Ausprägung ZVW
Koordination	Preis	Hierarchie
Anzahl der Wirtschaftspläne	Viele (dezentral)	Einer (zentral)
Berufswahl	Frei	Zentral gesteuert

Die soziale Marktwirtschaft der Bundesrepublik Deutschland lässt sich anhand der angeführten Kriterien wie folgt verorten:

Koordination: Der Preis kann weitestgehend als Koordinationsmechanismus in der sozialen Marktwirtschaft angesehen werden. Auf einigen Märkten gibt es jedoch Eingriffe in den Preismechanismus. Als Beispiel kann hier der kürzlich eingeführte Mindestlohn herangezogen werden. An anderer Stelle sind zur Sicherung des Wettbewerbs zu niedrige Preise verboten. So ist im Gesetz gegen den unlauteren Wettbewerb (UWG) geregelt, dass Preise nicht kurzfristig zum Anlocken von Kunden künstlich tief gehalten werden dürfen. Da sich Konsumenten tendenziell am Bruttopreis, inklusive aller Steuern orientieren, kann der Staat durch die Höhe der Besteuerung einzelner Güter Einfluss auf die Preise nehmen (z. B. Mineralölsteuer).

Anzahl der Wirtschaftspläne: In der Sozialen Marktwirtschaft der Bundesrepublik Deutschland kann eindeutig von einer dezentralen Planung gesprochen werden.

Berufswahl: Die freie Berufswahl ist durch den Artikel 12 des Grundgesetzes gewährleistet. Allerdings regeln verschiedene Gesetze den Zugang zu verschiedenen Berufen. So regelt die Approbationsordnung für Ärzte, unter welchen Voraussetzungen jemand als Arzt arbeiten darf.

3. Hinweise zur Lösung

Vorstehend werden drei durchaus zentrale Kriterien aufgeführt. Die Liste ist jedoch nicht vollständig. So können mindestens noch Marktzugang, Gewinnstreben, Eigentum an den Produktionsmitteln, Maß der staatlichen Umverteilung, Risikonahme, Vertrags-, Investitionsfreiheit, Rolle des Privateigentums und Rolle des Staates herangezogen werden, um die beiden idealtypischen Wirtschaftssysteme zu charakterisieren und zu unterscheiden.

4. Literaturempfehlung

Brunner, Sibylle; Kehrle, Karl (2014): Volkswirtschaftslehre, 3. Auflage, München 2014, S. 53–111.

Aufgabe 15: Internationale Wirtschaftspolitik

Wissen
Bearbeitungszeit: 10 Minuten

1. Aufgabenstellung

(a) In welchem Jahr fand die Konferenz von Bretton Woods statt? Welche wichtigen Meilensteine internationaler Wirtschaftspolitik wurden dort beschlossen?
(b) Erklären Sie den zentralen Unterschied zwischen GATT und WTO und nennen Sie deren Gründungsjahre.
(c) Wie unterscheiden sich diese beiden Institutionen hinsichtlich ihres Umgangs mit Handelsstreitigkeiten?

2. Lösung

(a) Die Bretton Woods-Konferenz fand im Jahr 1944 statt, also noch vor dem offiziellen Ende des Zweiten Weltkrieges. Initiatoren waren die Alliierten. Hintergrund der Konferenz war die Frage, wie das internationale Weltwirtschafts- und Währungssystem nach den Zerstörungen des Zweiten Weltkrieges neu geordnet und aufgebaut werden könnte. Als wichtiger Meilenstein wurde zunächst die Neuordnung des Weltwährungssystems mit dem US-Dollar als Leitwährung beschlossen.

Im Rahmen des sog. White-Plans wurde der Wert des US-Dollar auf 35 $ je Feinunze Gold festgelegt. Es bestand eine Verpflichtung der US-Zentralbank, Dollar in Gold einzulösen. Die anderen Mitglieder des Systems vereinbarten starre Wechselkurse gegenüber dem US-Dollar, womit ein System fester Wechselkurse zwischen den Beteiligten eingeführt wurde. Während die USA völlig autonom waren hinsichtlich ihrer Währungs- und Geldpolitik, konnten die anderen Mitglieder des Bretton Woods-Systems ihren Wechselkurs gegenüber dem Dollar nur bei dauerhaften Ungleichgewichten ab- oder aufwerten. Das System fester Wechselkurse endete im Jahr 1973.

Zudem wurden drei international bedeutende Abkommen beschlossen: der Internationale Währungsfonds (IWF), die Weltbank (damals gegründet als IBRD: International Bank for Reconstruction and Development) und das GATT (General Agreement on Tariffs and Trade). Letzteres wird in der deutschsprachigen Literatur als Allgemeines Zoll- und Handelsabkommen bezeichnet.

(b) Das GATT wurde 1947 von 23 Staaten unterzeichnet und stellt ein internationales Zoll- und Handelsabkommen dar, das die Forcierung des Freihandels und als Voraussetzung dafür den Abbau von Handelsschranken zum Ziel hatte. Das GATT ist ein Vertrag, der von den Mitgliedsländern unterzeichnet und ratifiziert wurde. Es ist damit keine supranationale Institution im eigentlichen Sinn. Das GATT wurde als eine von drei zentralen Säulen in die neu geschaffene Welthandelsorganisation WTO (World Trade Organization) eingegliedert, die im Rahmen der Uruguay-Runde gegründet wurde und zum 1. Januar 1995 ihre Arbeit aufnahm. Die WTO ist im Gegensatz zum GATT eine internationale Organisation mit eigener Rechtspersönlichkeit.

(c) Im Unterschied zum GATT besitzt die WTO einen eigenen Streitschlichtungsmechanismus. Handelsstreitigkeiten zwischen Mitgliedsländern können damit innerhalb der WTO geklärt werden.

3. Hinweise zur Lösung

Bitte beachten Sie in diesem Zusammenhang, dass die Welthandelsorganisation eine Weiterentwicklung des Allgemeinen Zoll- und Handelsabkommens darstellt und erst im Rahmen der Uruguay-Runde gegründet wurde. In Klausuren wird dies oft vertauscht.

4. Literaturempfehlung

Hauser, Heinz; Schanz, Kai U. (1995): Das neue GATT: Die Welthandelsordnung nach Abschluss der Uruguay-Runde, München/Wien 1995.

Dieckheuer, Gustav (2001): Internationale Wirtschaftsbeziehungen, 5. Auflage, München/Wien 2001, Kapitel 6.4, S. 223 ff. und Kapitel 7.5.2, S. 269 ff.

Aufgabe 16: Europäische Integration I

Wissen
Bearbeitungszeit: 10 Minuten

1. Aufgabenstellung

Welche vier Grundfreiheiten existieren im europäischen Binnenmarkt? Seit wann gelten diese Regelungen?

2. Lösung

Die folgenden vier Freiheiten existieren seit dem 1. Januar 1993:
- freier Warenverkehr (zum Beispiel Abschaffung von Zöllen),
- freier Kapitalverkehr (Ermöglichung eines grenzüberschreitenden Kapital- und Geldtransfers),
- freier Dienstleistungsverkehr (auch für Bank- und Versicherungsdienstleistungen) sowie
- freier Personenverkehr (u. a. freie Wahl des Wohnsitzes und Arbeitsplatzes sowie Niederlassungsfreiheit für Unternehmer, Gewerbetreibende und Freiberufler).

3. Hinweise zur Lösung

Die vier Grundfreiheiten wurden bereits 1957 im Vertrag über die Europäische Wirtschaftsgemeinschaft (EWG-Vertrag) fixiert. Die Rechtsgrundlagen sind 1986 durch die Einheitliche Europäische Akte (EEA) sowie 1992 durch den in Maastricht geschlossenen Vertrag über die Errichtung der Europäischen Union revidiert und ergänzt worden. Die EWG wurde mit dem Ziel gegründet, einen Gemeinsamen Markt zu schaffen, um die wirtschaftliche Stabilität zu verbessern und den allgemeinen (wirtschaftlichen) Lebensstandard anzuheben. Die konkreten Ziele bedeuteten etwa die Abschaffung der Zölle und anderer Handelsbeschränkungen innerhalb der Gemeinschaft und die Einführung eines gemeinsamen Außenzolls, die Durchführung einer gemeinsamen Agrar- und Verkehrspolitik, die Schaffung einheitlicher Wettbewerbsbedingungen und andere Ziele. Die Realisierung des Gemeinsamen Marktes in Europa ist als großer Erfolg zu werten. Allerdings sind viele Ziele erst sehr zeitverzögert oder noch nicht vollständig umgesetzt worden, zum Beispiel in den Bereichen einer einheitlichen europäischen Verkehrs-, Steuer- und Subventionspolitik oder auch im Bereich der Vereinheitlichung von Rechtsvorschriften.

4. Literaturempfehlung

Dieckheuer, Gustav (2001): Internationale Wirtschaftsbeziehungen, 5. Auflage, München/Wien 2001, S. 199–202.
Weidenfeld, Werner; Wessels, Wolfgang (Hrsg.) (2014): Europa von A bis Z, Taschenbuch der europäischen Integration, 14. Auflage, Baden-Baden 2014, S. 113–117.

Aufgabe 17: Europäische Integration II

Wissen
Bearbeitungszeit: 15 Minuten

1. Aufgabenstellung

Was versteht man unter den Maastricht-Kriterien? Bitte erklären Sie die vier Kriterien und kurz deren historischen Hintergrund.

2. Lösung

Der Vertrag von Maastricht aus dem Jahr 1992 („Maastricht-Vertrag") sah im Wesentlichen die Verwirklichung der europäischen Wirtschafts- und Währungsunion (WWU) und die Einführung des Euro zum 1. Januar 1999 vor. Laut dem Vertrag müssen die Mitgliedsländer der EU einige makroökonomischen Voraussetzungen erfüllen (sog. Konvergenzkriterien), bevor sie zur WWU zugelassen werden und den Euro als gesetzliches Zahlungsmittel einführen können. Diese Kriterien werden kurz als „Maastricht-Kriterien" bezeichnet und erfordern

- stabiles Preisniveau: Die Inflationsrate des Landes darf im letzten Jahr vor dem Beitritt um höchstens 1,5 % über der durchschnittlichen Inflationsrate der drei preisstabilsten Mitgliedsländer liegen;
- stabile Wechselkurse: Das Land hat mindestens zwei Jahre lang innerhalb des Europäischen Währungssystems (EWS) einen stabilen Wechselkurs aufrechterhalten und seine Währung nicht aus eigener Initiative abgewertet;
- gesunde Staatsfinanzen: Das jährliche Haushaltsdefizit darf nicht mehr als 3 % des BIP und die öffentliche Verschuldung – der Bruttoschuldenstand – darf den Referenzwert von 60 % des BIP nicht überschreiten oder sich diesem rasch annähern;
- niedriges Zinsniveau: Der Zinssatz langfristiger Zinsen darf nicht mehr als 2 Prozentpunkte über dem der drei preisstabilsten Länder liegen.

3. Hinweise zur Lösung

Vor allem die Länder mit niedrigen Inflationsraten, wie zum Beispiel Deutschland, hatten ein starkes Interesse an den Kriterien 1, 3 und 4 und wollten, dass die Partnerländer ebenfalls mit einer möglichst niedrigen Inflationsrate in die Währungsunion starten. Hintergrund war die Angst, dass hohe Inflationsraten den Euro schwächen könnten oder dass sich die Europäische Zentralbank gezwungen sehen könnte, einem politischen Druck nachzugeben und direkt staatliche Schuldverschreibungen zu erwerben, um die Inflation zu beschleunigen und damit den Staat indirekt zu entlasten, indem durch höhere Inflation etwa die Schuldenstandsquote sinkt. Bitte bedenken Sie an dieser Stelle, dass das Schuldenstandskriterium als Bruttoschuldenstand in Relation zum nominalen BIP berechnet wird, sodass eine hohe Inflation das nominale BIP stark in die Höhe treiben würde. Die aktuelle wirtschaftliche Situation zeigt, dass bei vielen Wirtschaftsbeobachtern solche Sorgen nicht ohne Grund bestehen. Denn in Folge der globalen Finanz- und Wirtschaftskrise 2009 sind viele Länder der Eurozone in Schieflage geraten. Dies bezieht sich nicht nur auf europäische Sorgenkinder wie vor allem Griechenland, Spanien oder Irland, sondern auch auf die drei großen Staaten Deutschland, Frankreich und Italien. In allen drei Ländern kam es in Folge der Krise zu einer deutlichen Ausweitung der Haushaltsdefizite und auch der Bruttoschuldenstände, die mit Werten von rund 80 % des BIP derzeit sehr weit vom Referenzwert (60 % des BIP) entfernt liegen.

4. Literaturempfehlung

Weidenfeld, Werner; Wessels, Wolfgang (Hrsg.) (2014): Europa von A bis Z, Taschenbuch der europäischen Integration, 14. Auflage, Baden-Baden 2014, S. 468–473.
Krugman, Paul R.; Obstfeld, Maurice (2011): Internationale Wirtschaft, 9. Auflage, München 2011, S. 785–791.

Aufgabe 18: Internationaler Handel, absoluter und relativer Vorteil

Verstehen, Anwenden
Bearbeitungszeit: 20 Minuten

1. Aufgabenstellung

In Bangladesch produziere eine Arbeitskraft pro Tag 24 Hosen oder zwei Tablet-Computer. In den USA produziere eine Arbeitskraft an einem Arbeitstag 36 Hosen oder 18 Tablet-Computer. Gehen Sie davon aus, dass ein Arbeitstag acht Arbeitsstunden hat.

(a) Hat Bangladesch oder haben die USA einen absoluten Vorteil bei der Produktion von Hosen bzw. Tablet-Computern? Erläutern Sie, mit welchem Kriterium der absolute Vorteil ermittelt wird! Können Sie anhand des absoluten Vorteils erkennen, ob Handel zwischen beiden Volkswirtschaften lohnenswert ist und welches Land sich auf welches Gut spezialisieren wird?

(b) Bei welchem Land liegt der komparative Vorteil für welches Gut? Welche Größe ist entscheidend dafür, bei welchem Land der komparative Vorteil liegt? Können Sie anhand des komparativen Vorteils erkennen, ob Handel zwischen beiden Volkswirtschaften lohnenswert ist und welches Land sich auf welches Gut spezialisieren wird?

(c) Zeigen Sie in Form eines Zahlenbeispiels, dass sich Spezialisierung und Handel gegenüber der Autarkiesituation für beide Volkswirtschaften lohnt!

(d) Gehen Sie weiter davon aus, dass eine Arbeitskraft in Bangladesch entweder 24 Hosen oder zwei Tablet-Computer herstellen kann. Es gelte auch weiterhin, dass eine Arbeitskraft in den USA an einem Arbeitstag 36 Hosen produzieren kann. Wie groß müsste die Produktivität der USA bei Tablet-Computern sein, sodass Spezialisierung und Handel zwischen beiden Volkswirtschaften gegenüber Autarkie mit keinerlei Vorteilen verbunden wären? Wieso ist das der Fall?

2. Lösung

(a) Dasjenige Land, das bei der Produktion eines Gutes weniger Inputeinheiten (hier: Arbeitszeit) benötigt, hat bei der Herstellung dieses Gutes den absoluten Vorteil. In den USA werden für die Produktion einer Hose 13 1/3 Minuten Arbeitszeit benötigt, in Bangladesch hingegen 20 Minuten; bei Hosen haben die USA also den absoluten Vorteil. In den USA werden für die Herstellung eines Tablet-Computers 26 2/3 Minuten Arbeitszeit benötigt, in Bangladesch 240 Minuten; auch bei Tablet-Computern haben die USA somit einen absoluten Vorteil. Anhand des absoluten Vorteils kann allerdings nicht festgestellt werden, ob der Handel zwischen zwei Ländern vorteilhaft ist und welches Land sich auf welches Gut spezialisiert.

(b) Der komparative Vorteil ergibt sich aus dem Vergleich der Opportunitätskosten beider Länder bei einem Gut. Es wird also gemessen, wie viele Einheiten von dem anderen Gut ein Land aufgeben muss, um eine zusätzliche Einheit eines Gutes produzieren zu können. Dasjenige Land, das weniger Einheiten vom anderen Gut aufgeben muss, hat den komparativen Vorteil bei der Produktion eines Gutes.

Wenn die USA zusätzlich eine Hose produzieren wollten, bräuchten sie dafür 13 1/3 Minuten; in 13 1/3 Minuten ließen sich alternativ 0,5 Tablet-Computer herstellen. Die Opportunitätskosten der USA für die Produktion einer Hose liegen deshalb bei 0,5 Tablet-Computern. Wenn Bangladesch eine zusätzliche Hose herstellen will, werden 20 Minuten benötigt; in 20 Minuten ließe sich stattdessen auch 1/12 Tablet Computer herstellen. Die Opportunitätskosten von Bangladesch für die Produktion einer Hose liegen bei 1/12 Tablet-Computern. Bei der Hosenproduktion hat Bangladesch also einen komparativen Vorteil.

Wenn die USA zusätzlich einen Tablet-Computer produzieren wollten, bräuchten sie dafür 26 2/3 Minuten; in 26 2/3 Minuten ließen sich alternativ zwei Hosen herstellen. Die Opportunitätskosten der USA für die Herstellung eines Tablet-Computers liegen deshalb bei zwei Hosen. Wenn Bangladesch einen zusätzlichen Tablet-

Computer herstellen will, werden 240 Minuten benötigt; in 240 Minuten ließen sich stattdessen auch zwölf Hosen herstellen. Die Opportunitätskosten von Bangladesch für die Herstellung eines Tablet-Computers liegen bei zwölf Hosen. Bei der Herstellung von Tablet-Computern haben die USA also einen komparativen Vorteil.

Wenn sich die Länder jeweils auf das Gut spezialisieren, bei dem sie einen komparativen Vorteil haben, lohnt sich Handel für beide Länder. Insofern müsste sich Bangladesch auf Hosen und die USA auf Tablet-Computer spezialisieren.

(c) Angenommen beide Länder verfügen über einhundert Arbeitskräfte. In der Autarkiesituation, also ohne Handel, produzieren in jedem der beiden Länder 35 Arbeitskräfte ausschließlich Hosen und 65 Arbeitskräfte ausschließlich Tablet-Computer. An einem Tag können so in den USA 1.260 Hosen und 1.170 Tablet-Computer hergestellt werden. In Bangladesch werden an einem Tag 840 Hosen und 130 Tablet-Computer hergestellt. In Summe werden in beiden Ländern zusammen 2.100 Hosen und 1.300 Tablet-Computer an einem Arbeitstag mit den einhundert Arbeitskräften produziert. Bei Handel zwischen den beiden Volkswirtschaften werden sich die USA aufgrund ihres komparativen Vorteils auf Tablet-Computer spezialisieren, und Bangladesch stellt ausschließlich Hosen her. In den USA werden mit den einhundert Arbeitskräften also 1.800 Tablet-Computer produziert, in Bangladesch 2.400 Hosen. In Summe werden in einer Situation mit Handel mehr Hosen und mehr Tablet-Computer in beiden Ländern hergestellt.

(d) Wenn eine Arbeitskraft in den USA pro Tag drei Tablet-Computer herstellen kann, entsteht eine Situation, bei der die Opportunitätskosten beider Länder keine Unterschiede aufweisen. Demzufolge gibt es keinen komparativen Vorteil, und durch Handelsbeziehungen zwischen beiden Ländern würden sich keine Vorteile ergeben.

3. Hinweise zur Lösung

Mit dem hier in Form eines Zahlenbeispiels dargestellten Modell kann die Vorteilhaftigkeit und damit die Begründung für Außenhandel gezeigt werden. In der Außenwirtschaftstheorie gibt es neben diesem sehr einfachen Ansatz noch weitergehende und daher komplexere Ansätze, die einen noch genaueren Blick auf die Ursachen des Außenhandels erlauben.

4. Literaturempfehlung

Krugman, Paul; Wells, Robin (2010): Volkswirtschaftslehre, Stuttgart 2010, S. 530–539.

Aufgabe 19: Gleichgewicht auf dem Export- und Importgütermarkt sowie Weltmarkt

Wissen, Verstehen
Bearbeitungszeit: 20 Minuten

1. Aufgabenstellung

Im Zuge der Globalisierung werden Güter sowohl im Inland (z. B. in Deutschland), als auch im Ausland (z. B. in den USA) gehandelt. Länder, die Angebotsüberschüsse erzielen, bieten diese Güter auf dem Weltmarkt an. Daneben existieren Länder mit einem Nachfrageüberschuss, die auf dem Weltmarkt Güter nachfragen. Es wird angenommen, dass das Preisniveau in Deutschland niedriger als in den USA ist.

Nach dem „Law of one Price" (Gesetz des einheitlichen Preises) sollte sich auf dem Weltmarkt ein einheitlicher Preis ergeben. In dem folgenden Diagramm ist der Angebotsüberschuss auf dem Inlandsmarkt dargestellt. Daneben findet sich das zu füllende Diagramm des Weltmarktes. Der Auslandsmarkt zeigt einen Nachfrageüberschuss. Bitte tragen Sie in das Diagramm des Weltmarktes die Angebots- und Nachfragekurve sowie den sich daraus ergebenden Weltmarktpreis ein. Erläutern Sie Ihre Ausführungen.

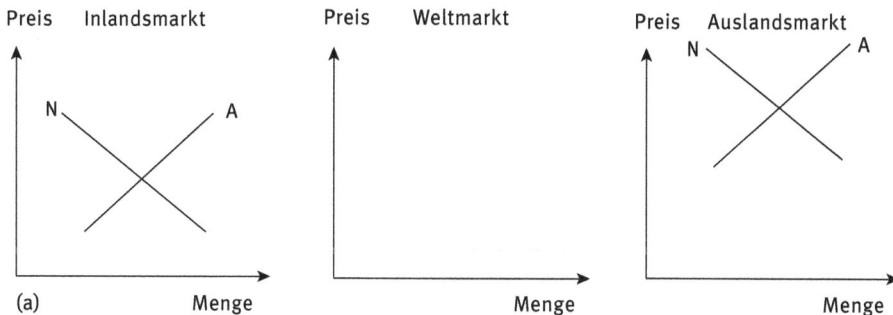

Zu füllendes Diagramm des Inlands- und Auslandsmarktes mit Weltmarkt

2. Lösung

Preis   Inlandsmarkt   Preis   Weltmarkt   Preis   Auslandsmarkt

Weltmarktpreis

(b)   Menge   Menge   Menge

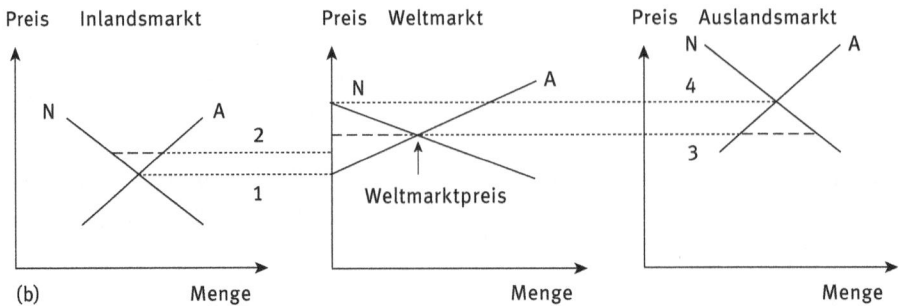

Gefülltes Diagramm des Inlands- und Auslandsmarktes mit Weltmarkt

3. Hinweise zur Lösung

Auf dem Inlandsmarkt existiert ein niedrigeres Preisniveau im Vergleich zum Auslandsmarkt. Das höhere Preisniveau auf dem Auslandsmarkt führt dazu, dass sich ein Angebotsüberschuss auf dem Inlandsmarkt ergibt. Zum Gleichgewichtspreis auf dem Inlandsmarkt werden noch keine zusätzlichen Anbieter Produkte auf dem Weltmarkt anbieten (1). Das höhere Preisniveau auf Auslandsmärkten mobilisiert Anbieter, ihre Produkte auf dem Weltmarkt anzubieten (2). Dieser Angebotsüberschuss trifft auf dem Weltmarkt auf den Nachfrageüberschuss des Auslandsmarktes. Während beim Gleichgewichtspreis auf dem Auslandsmarkt noch keine zusätzliche Nachfrage mobilisiert wird (4), trifft zusätzliche Nachfrage (3) bei niedrigeren Preisen auf dem Weltmarkt auf den Angebotsüberschuss des Inlandsmarktes. Auf dem Weltmarkt ergeben sich wiederum Angebots- und Nachfragekurven. Der Schnittpunkt beider Kurven kennzeichnet den Gleichgewichtspreis auf dem Weltmarkt. Die Angebotskurve auf dem Weltmarkt startet bei dem Punkt, bei dem noch keine Angebotsüberschüsse vorliegen. Die mit (2) gekennzeichneten gestrichelte Linie projiziert den Angebotsüberschuss auf den Weltmarkt. Durch die Verbindung dieser beiden Punkte, d. h., der Punkt bei dem noch kein Angebot auf dem Weltmarkt vorliegt auf der Preisachse und den projizierten Punkt, ergibt sich die Angebotskurve. Die Nachfragekurve ergibt sich analog: Ausgehend von dem Punkt, bei dem noch keine Nachfrageüberschüsse den Weltmarkt vom Auslandsmarkt erreichen (4), kann ein Nachfrageüberschuss auf den Weltmarkt projiziert werden. Durch diese beiden Punkte lässt sich die Nachfragekurve auf dem Weltmarkt eintragen.

4. Literaturempfehlung

Mankiw, N. Gregory; Taylor, Mark P. (2012): Grundzüge der Volkswirtschaftslehre, 5. Auflage, Stuttgart 2012, S. 820.
Rübel, Gerhard (2013): Außenwirtschaft: Grundlagen der realen und monetären Theorie, München,
     2013, S. 400 ff.

Aufgabe 20: Direkt-/Portfolioinvestitionen

Wissen, Anwenden
Bearbeitungszeit: 5 Minuten

1. Aufgabenstellung

Was versteht man unter ausländischen Direktinvestitionen (FDI)? Es sind mehrere richtige Antworten möglich!

		richtige Antwort
(a)	Investitionen, die direkt in einem bestimmten Land außerhalb der EU getätigt werden.	☐
(b)	Kauf von Staatsfonds-Anteilen aus Schwellenländern durch deutsche Sparer.	☐
(c)	Erwerb von Unternehmensbeteiligungen (Aktien) bis max. 9,9 % des Grundkapitals (AG) bzw. des Stammkapitals (GmbH).	☐
(d)	Finanzielle Beteiligung an einem Unternehmen in einem anderen Land, die nach Art und Umfang dazu bestimmt ist, einen dauerhaften Einfluss auf die Geschäftspolitik dieses Unternehmens auszuüben.	☐
(e)	Erwerb von 25 % des Grundkapitals von China Telekom durch Frau Angela Merkel.	☐
(f)	Form des internationalen Kapitalverkehrs, zu denen der Erwerb von ausländischen Wertpapieren und Anteilen an Unternehmen zählt, sofern damit nicht die aktive Einflussnahme auf die Geschäftstätigkeit des kapitalnehmenden ausländischen Unternehmens beabsichtigt ist.	☐

2. Lösung

(a) falsche Aussage! Die Nennung enthält keine Abgrenzung gegenüber Portfolioinvestitionen.

(b) falsche Aussage! Die Nennung enthält keine Abgrenzung gegenüber Portfolioinvestitionen.

(c) falsche Aussage! Der Schwellenwert für Direktinvestitionen in Abgrenzung gegenüber Portfolioinvestitionen liegt bei mind. 10 %.

(d) richtige Aussage! Der Zweck einer Direktinvestition ist in der Regel strategischer Art und hat eine langfristige Orientierung.

(e) richtige Aussage! Frau Merkel erwirbt mehr als 10 % des Grundkapitals von China Telekom (statistischer Schwellenwert für FDIs).

(f) falsche Aussage! Es erfolgt keine Abgrenzung gegenüber Portfolioinvestitionen; vgl. ferner die Antwort zu Frage (d).

3. Hinweise zur Lösung

Direktinvestitionen und Portfolioinvestitionen werden statistisch zueinander abgegrenzt. Bei der Lösung dieser Aufgabe geht es um das grundsätzliche Verständnis der Abgrenzungs-Systematik. Alle Investitionen mit weniger als 10 % Anteil am Grundkapital eines Unternehmens werden als Portfolioinvestitionen verstanden, die meist eher einen kurzen Investitionshorizont haben. Direktinvestitionen (mehr als 10 % Anteil am Grundkapital eines Unternehmens) haben grundsätzlich eine Langfristorientierung der Investoren zum Gegenstand. Vorsicht: Bis in die 90er-Jahre des 20. Jh. lag der Schwellenwert bei etwa 20 %. Das Attrahieren von FDIs gilt in Entwicklungs- und Schwellenländern sowie mit Einschränkungen auch in Industrieländern als Ausdruck von Standortqualität eines Landes/eines Wirtschaftsraumes.

4. Literaturempfehlung

Donges, Juergen B. (1995): Deutschland in der Weltwirtschaft, Mannheim 1995, S. 35–53.
Schmid, Stefan (2012): Strategien der Internationalisierung: Fallstudien und Fallbeispiele, Berlin, München 2012.

2 Mikroökonomie

Aufgabe 21: Einkommensarten

Wissen
Bearbeitungszeit: 5 Minuten

1. Aufgabenstellung

Charakterisieren Sie die angeführten Möglichkeiten zur Beschaffung von Einkommen als ökonomisch rationale Entscheidung der privaten Haushalte.

	Beschaffung von Einkommen	Charakterisierung
(a)	Arbeits- oder Erwerbseinkommen	
(b)	Besitz- oder Vermögenseinkommen	
(c)	Transfereinkommen	

2. Lösung

(a) Arbeits- oder Erwerbseinkommen entstehen durch unselbständige Arbeit/Erwerbstätigkeit (Lohn, Gehalt, Bezüge) und/oder durch (ergänzende) selbständige Erwerbstätigkeit (Unternehmerlohn, Gagen, Honorare).

(b) Durch Überlassung von Vermögensgegenständen, wie z. B. Gebäude, Boden oder Kapital, zum wirtschaftlichen Gebrauch durch andere (Mieten, Zinsen, Pachten, Dividenden etc.) entstehen Besitz- oder Vermögenseinkommen.

(c) Staatliche Einrichtungen zahlen im Rahmen von Umverteilungsmaßnahmen Transfereinkommen oder Private Haushalte gewähren private Leistungen (z. B. finanzielle Unterstützung durch Angehörige) in Form von Transfereinkommen.

3. Hinweise zur Lösung

Bei der Analyse der Einkommensentstehung betrachtet man differenzierte Formen, um strukturelle Merkmale einer Volkswirtschaft sichtbar zu machen. Die meisten Menschen erzielen Arbeits- oder Erwerbseinkommen durch Selbständigkeit oder abhängige Beschäftigung. Besitz- oder Vermögenseinkommen generiert, wer Erträge aus den Produktionsfaktoren Boden und Kapitel erzielen kann. Transfereinkommen wird erzielt, wenn Bedürftigkeit (z. B. Einkommensschwache) vorliegt. Grundsätzlich können Wirtschaftssubjekte auch Einkommen aus allen drei Einkommensarten gleichzeitig erzielen.

4. Literaturempfehlung

Hoyer, Werner; Eibner, Wolfgang (2011): Mikroökonomische Theorie, 4. Auflage, Konstanz, München 2011, S. 34–36 und Kapitel 4.

Aufgabe 22: Arbeitsproduktivität

Verstehen, Anwenden
Bearbeitungszeit: 10 Minuten

1. Aufgabenstellung

In einer Unternehmung werden im Jahr I pro Stunde 12 Einheiten eines Gutes hergestellt. Bei einem Lohnsatz von durchschnittlich 50,00 Euro je Stunde werden 10 Arbeitnehmer beschäftigt. Im Jahr II gelingt es, das gleiche Produktionsergebnis mit 8
Arbeitern zu erzielen.
(a) Berechnen Sie für beide Jahre die Arbeitsproduktivität je Beschäftigten und die
    Lohnstückkosten!
(b) Erklären Sie die Veränderung der Arbeitsproduktivität im Jahr II!
(c) Aus Wettbewerbsgründen sollen die Lohnstückkosten konstant bleiben. Um wie
    viel Prozent können dann im Jahr II die Löhne angehoben werden (kostenneutrale
    Lohnerhöhung)?

2. Lösung

(a) Jahr I: Arbeitsproduktivität = 12 : 10 = 1,2 Stück je Arbeitnehmer pro Stunde
    Lohnstückkosten = 50 : 1,2 = 41,66 Euro/je Stück
    Jahr II: Arbeitsproduktivität = 12 : 8 = 1,5 Stück/je Arbeitnehmer pro Stunde
    Lohnstückkosten = 50 : 1,5 = 33,33 Euro/je Stück
(b) Die Arbeitsproduktivität im Jahr II ist gestiegen, weil durch bessere Maschinen
    oder Arbeitsverfahren das gleiche Produktionsergebnis mit weniger Beschäftigten
    erzielt wurde.
    Die Lohnstückkosten sind gesunken, weil bei gleichem Lohnsatz mehr Stücke je
    Stunde hergestellt wurden.
(c) Die Arbeitsproduktivität ist im Jahr II um 25 % angestiegen (von 1,2 auf 1,5 Stück
    je Arbeitnehmer). Folglich können die Löhne kostenneutral um 25 % angehoben
    werden, sofern alle anderen Größen (z. B. die Kapitalstückkosten) unverändert
    bleiben. Die Lohnstückkosten im Jahr II bleiben konstant gegenüber Jahr I.
    Lohnstückkosten = 62,5 : 1,5 = 41,66 €/je Stück

3. Hinweise zur Lösung

Die Arbeitsproduktivität ist ein wichtiger internationaler Vergleichsindikator für die
Wettbewerbsfähigkeit von Volkswirtschaften. Sie ist das Verhältnis von Produktionsergebnis und Arbeitseinsatz. In einer dynamischen Volkswirtschaft verbessert sich die
Arbeitsproduktivität in den Betrieben, sofern diese in Aus- und Weiterbildung, Maßnahmen zur Motivation von Mitarbeitern oder z. B. neue Management- und Organisa-
tionsformen investieren. Bei Investitionen in den Kapitalstock (neue Maschinen) kann
ceteris paribus oftmals auch noch die Arbeitsproduktivität je Mitarbeiter erhöht werden, wenn z. B. Abläufe beschleunigt oder vereinfacht werden.

4. Literaturempfehlung

Seidel, Horst; Howe, Michael (2015): Grundlagen der Volkswirtschaftslehre, Lerngerüst – Lerninformationen – Lernaufgaben – Lernkontrolle, 31. Auflage, Köln 2015, S. 34–35.
Eekhoff, Johann (2008): Beschäftigung und soziale Sicherung, 4. Auflage, Tübingen 2008, S. 35–42.

Aufgabe 23: Marktformen/Nachfrage aus Sicht der Anbieter

Verstehen
Bearbeitungszeit: 5 Minuten

1. Aufgabenstellung

Zeichnen Sie Preis-Absatz-Funktionen aus Sicht eines der Unternehmen in verschiedenen Marktformen. Beschriften Sie auch Ordinate und Abszisse:
(a) Preis-Absatz-Funktion eines Polypolisten
(b) Preis-Absatz-Funktion eines Oligopolisten
(c) Preis-Absatz-Funktion eines Monopolisten

2. Lösung

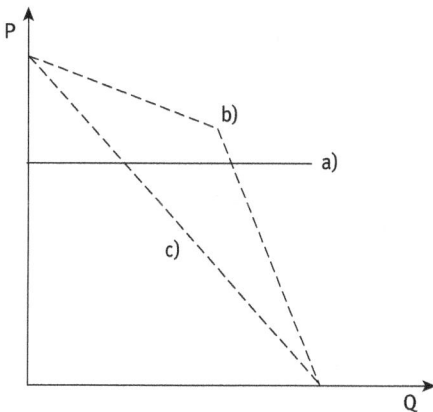

3. Hinweise zur Lösung

Im Polypol wird u. a. unterstellt, dass sich Angebot und Nachfrage auf dem Markt bilden und dass sich einzelne Unternehmen mit ihrer Produktionsmenge an eben dem Marktpreis orientieren müssen, der exogen gebildet wurde. Ein Unternehmen sieht sich deshalb immer – mehr oder weniger lang – einer vollkommen elastischen Nachfrage gegenüber (Preis-Absatz-Kurve). In der Marktform des Monopols entfällt definitionsgemäß die gesamte Nachfrage auf ein Unternehmen, welches entscheiden muss, ob es entweder als Preis- oder Mengenfixierer auftritt (Gewinnmaximierungsmonopol) oder über die gesamte Nachfrage hinweg eine Preisdifferenzierung vornimmt (Preis-differenzierungsmonopol). Im Oligopol sieht sich das Unternehmen entweder einer preiselastischen Nachfrage gegenüber, das heißt, bei kleinen Preisänderungen erfolgen bereits große Mengenänderungen oder bei einer relativ unelastischen Nachfrage können nennenswerte Mengeneffekte nur durch sehr große Preisänderungen erfolgen. Wegen dieser Unsicherheiten von preis- und absatzpolitischen Maßnahmen im Oligopol beobachtet man nicht selten ein Parallelverhalten mit anderen Anbietern (Preisstarre oder Gleichschritt der Preisveränderungen).

4. Literaturempfehlung

Siebert, Horst; Lorz, Oliver (2007): Einführung in die Volkswirtschaftslehre, 15. Auflage, Stuttgart 2007, Kapitel 9.
Seidel, Horst; Howe, Michael (2015): Grundlagen der Volkswirtschaftslehre, Lerngerüst – Lerninformationen – Lernaufgaben – Lernkontrolle, 31. Auflage, Köln 2015, S. 144–150.

Aufgabe 24: Polypol vs. Monopol

Wissen, Bewerten
Bearbeitungszeit: 35 Minuten

1. Aufgabenstellung

Während der vollkommene Wettbewerb (Polypol) als volkswirtschaftlich erwünschte Marktform angesehen wird, gilt das Monopol in der Regel als unerwünscht.

(a) Erläutern Sie das Gewinnmaximierungskalkül eines Anbieters bei vollkommener Konkurrenz! Welche Menge bietet dieser an und welchen Preis verlangt er?
(b) Erläutern Sie die Ursachen für das Entstehen eines Monopols!
(c) Erläutern Sie nun das Gewinnmaximierungskalkül eines Monopolisten! Welche Menge wird hier angeboten und wie hoch ist der Preis? Vergleichen Sie Ihre Ergebnisse mit denen der Teilaufgabe (a).
(d) Was würden Sie der Politik – auch angesichts der Ergebnisse des vorangegangenen Aufgabenteils – als ökonomischer Sachverständiger raten?

2. Lösung

(a) Bei vollkommener Konkurrenz gibt es sehr viele Anbieter, die das betreffende Gut in homogener Qualität anbieten. Der Marktanteil eines einzelnen Anbieters ist so klein, dass dieser den Marktpreis für das Gut nicht beeinflussen kann. Der Preis ist für den Anbieter also gegeben und für jede angebotene Mengeneinheit gleich. Damit ist auch der Grenzerlös (MR) konstant und entspricht dem Preis. Es gilt $P = MR = $ konstant. Im Preis-Mengen-Diagramm wird dieses durch eine Horizontale dargestellt.

Ein Anbieter kann seinen Gewinn folglich nicht durch Preissetzung maximieren, sondern muss seine Menge anpassen. Er wird die Menge immer weiter erhöhen, solange eine zusätzliche Einheit einen zusätzlichen Gewinn generiert. Dies ist der Fall, solange der Grenzerlös (MR) größer ist als die Grenzkosten (MC). Aus produktionstechnischen Gründen haben die Grenzkosten (MC) den im Preis-Mengen-Diagramm dargestellten Verlauf. Solange die MC-Kurve unterhalb der MR-Kurve verläuft, lohnt sich somit eine Erhöhung der Menge. Beim Schnittpunkt von MC-Kurve und MR-Kurve liegt das Gewinnmaximum Q_{VK}. Jede weitere Erhöhung der Menge würde den Gewinn des Anbieters wieder sinken lassen, weil die Grenzkosten (MC) nun höher wären als der Grenzerlös (MR). Wegen $P = MR$ bei vollkommener Konkurrenz lautet die Gewinnmaximierungsregel: $P = MC$.

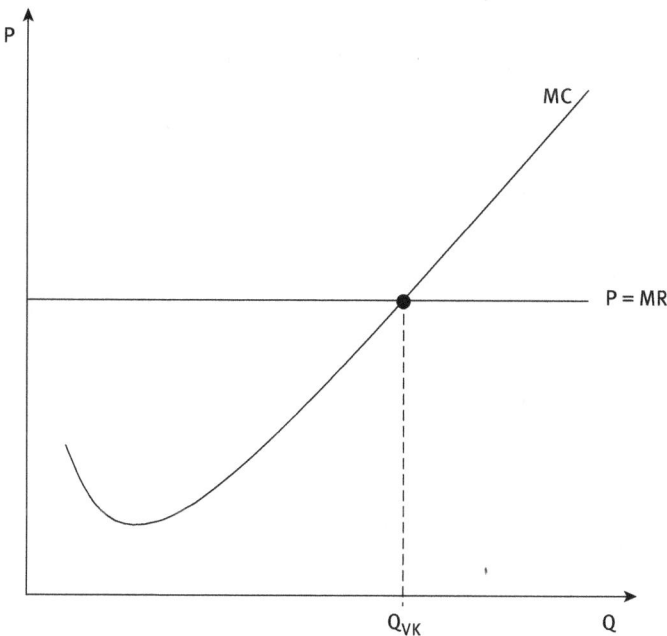

(b) Die Marktform des Monopols ist dadurch gekennzeichnet, dass es für ein Gut nur einen einzigen Anbieter gibt. Ein Monopol entsteht, wenn es für mögliche Konkurrenzanbieter keinen freien Marktzutritt gibt. Für solche Eintrittsschranken gibt es zahlreiche Ursachen. Einerseits können technologische Gründe dazu führen, dass ein Unternehmen zu niedrigeren Durchschnittskosten produzieren kann als zwei oder mehr Unternehmen. Dies bezeichnet man als ein natürliches Monopol. Andererseits können Monopole durch Unternehmenszusammenschlüsse oder -übernahmen, durch den exklusiven Zugriff eines Unternehmens auf für die Herstellung des Endprodukts zwingend notwendiger Ressourcen oder etwa durch Patentschutz entstehen.

(c) Auf einem Monopolmarkt wird die gesamte Nachfrage von einem Anbieter bedient. Der Anbieter ist deshalb mit der im Preis-Mengen-Diagramm eingezeichneten Nachfragekurve D konfrontiert, die ihm in Abhängigkeit von der Menge die Zahlungsbereitschaft der Nachfrager anzeigt. Der fallende Verlauf der Nachfragekurve D zeigt an, dass ein höherer Preis dazu führen wird, dass die Nachfrager weniger von dem Gut nachfragen. Der Monopolist wird den Punkt auf der Nachfragekurve wählen, der seinen Gewinn maximiert. Zu diesem Zweck wird er die Grenzerlöskurve ermitteln; es kann gezeigt werden, dass die Kurve des Grenzerlöses (MR) denselben Achsenabschnitt auf der Preisachse hat wie die Nachfragekurve (D), allerdings doppelt so steil verläuft. Damit hat die MR-Kurve einen anderen Verlauf als bei vollkommener Konkurrenz. Die Grenzkostenkurve (MC) ist produktionstechnisch bedingt dieselbe wie in Aufgabenteil (a). Der Monopolist wird – analog zu den Überlegungen in Aufgabenteil (a) – die angebotene Menge solange ausweiten, wie die Grenzkosten (MC) unterhalb des Grenzerlöses (MR) liegen. Die gewinnmaximale Menge Q_M liegt dort, wo sich die MC-Kurve und die MR-Kurve schneiden. Jede weitere Erhöhung der Menge über Q_M hinaus würde den Gewinn des Monopolisten reduzieren. Bei der Festlegung des Preises wird der Anbieter nun die Nachfragekurve, die ihm die Zahlungsbereitschaft der Nachfrager anzeigt, zu Rate ziehen. Bei der gewinnmaximalen Menge Q_M liegt die Zahlungsbereitschaft der Nachfrager bei P_M. Diesen Preis wird der Monopolist nun am Markt verlangen. Verglichen mit der Marktform der vollkommenen Konkurrenz verlangt der Monopolist einen höheren Preis und bietet eine geringere Menge an.

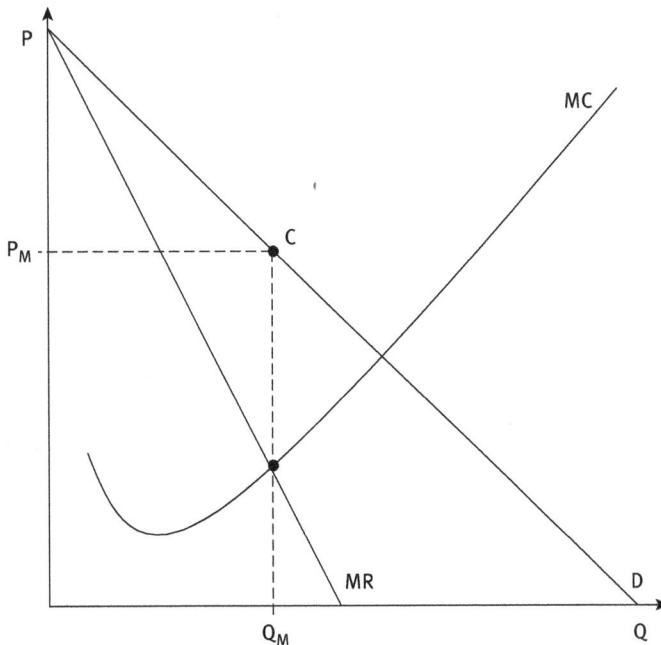

(d) Wie in Aufgabenteil (c) gezeigt wurde, sind die Preise im Monopol höher und die Mengen geringer als bei vollkommener Konkurrenz, oftmals ist auch die Qualität im Monopol schlechter als auf Wettbewerbsmärkten. Die Marktform des Monopols kann aufgrund von Wohlfahrtsverlusten als volkswirtschaftlich unerwünscht angesehen werden. Der Staat sollte deshalb von vornherein darauf achten, dass keine Monopole entstehen; dies kann im Rahmen wettbewerbspolitischer Maßnahmen, wie z. B. der Fusionskontrolle, erfolgen. Sofern ein Monopol bereits vorhanden ist, hat der Staat umfassende Möglichkeiten zur Regulierung; denkbar ist z. B. eine Regulierung der Preise, die der Monopolist verlangt, oder der Renditen, die der Monopolist maximal erwirtschaften darf.

3. Hinweise zur Lösung

Bevor Sie sich mit dem Gewinnmaximierungskalkül im Polypol und im Monopol beschäftigen, könnte die Wiederholung der den beiden Marktformen jeweils zugrundeliegenden Annahmen sinnvoll sein. Was sind die Unterschiede auf der Angebots- und der Nachfrageseite zwischen Polypol und Monopol?

4. Literaturempfehlung

Pindyck, Robert S.; Rubinfeld, Daniel L. (2013): Mikroökonomie, 8. Auflage, München et al. 2013, S. 384–397, S. 486–492 und S. 508–510.
Schumann, Jochen; Meyer, Ulrich; Ströbele, Wolfgang (2011): Grundzüge der mikroökonomischen Theorie, 9. Auflage, Berlin et al. 2011, S. 172–179 und S. 283–292.

Aufgabe 25: Marktreaktionen

Anwenden
Bearbeitungszeit: 8 Minuten

1. Aufgabenstellung

Stellen Sie folgende Entwicklungen im wettbewerblichen Marktmodell graphisch dar und beschriften Sie Achsen und Kurven. Markieren Sie ferner auch die Preis- bzw. die Mengenveränderungen. Und bestimmen Sie kurz die Folgen auf dem Partialmarkt.
(a) Im Gesundheitssektor möchten die Verantwortlichen trotz wachsender Nachfrage die Zahl der niedergelassenen Radiologen vermindern.
(b) In einer Volkswirtschaft möchte man einen Mindestlohn für Gärtner einführen.
(c) In einer Volkswirtschaft möchte man einen Höchstpreis für Benzin einführen.

2. Lösung

(a)

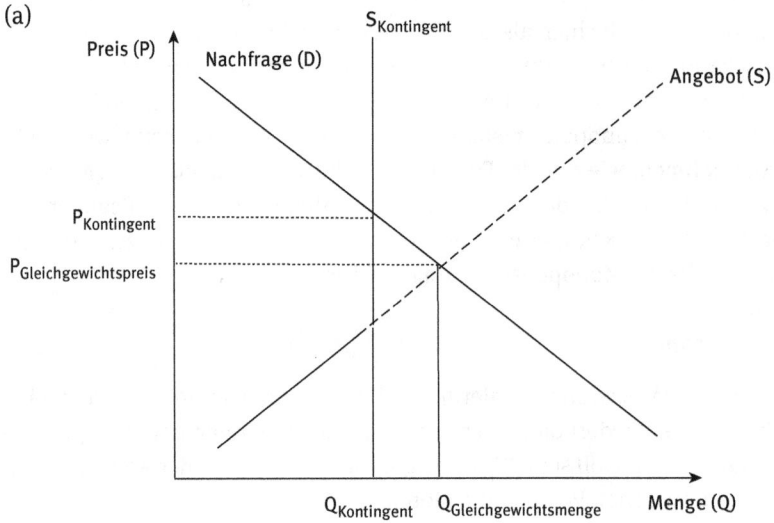

Folgen: Durch die Begrenzung des Angebots steigt die Wartezeit bei den Patienten. Dort, wo das Gesundheitswesen über den Markt abgewickelt wird, steigen die Preise für die entsprechenden radiologischen Leistungen.

(b)

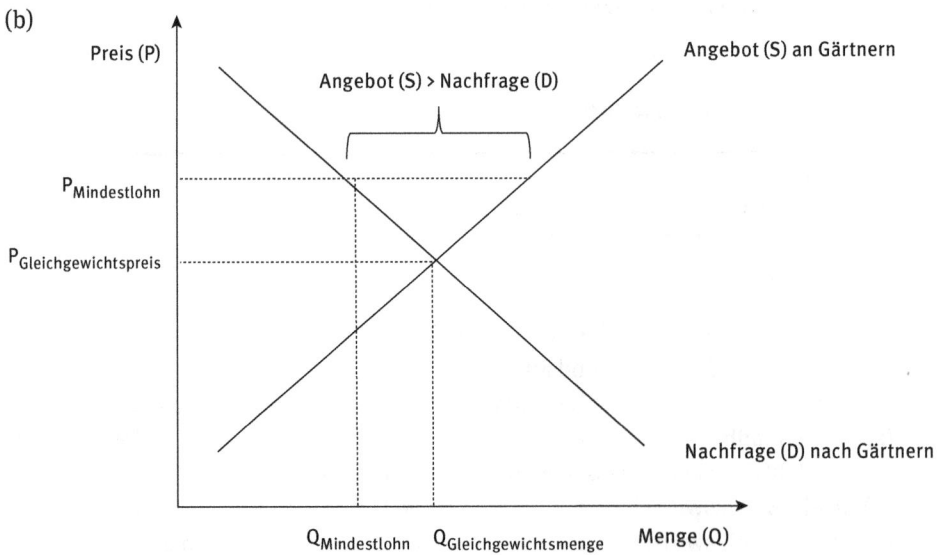

Folgen: Der Lohn (Preis) für Gärtner steigt; ceteris paribus nimmt die Zahl der beschäftigten Gärtner ab. Es entsteht Arbeitslosigkeit.

(c)

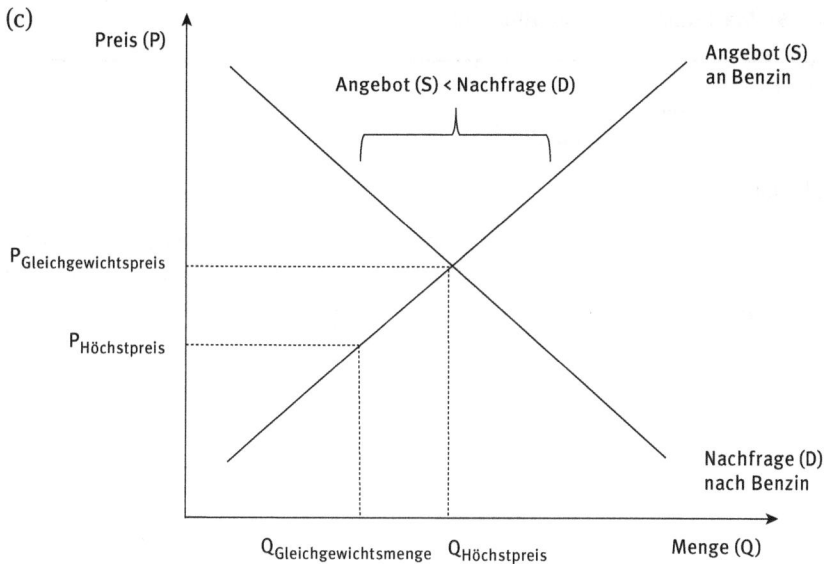

Folgen: Der Benzinpreis sinkt und die Tankstellen verringern ceteris paribus die angebotene Menge; es kommt zu Wartezeiten an den Tankstellen.

3. Hinweise zur Lösung

In der Modellwelt funktionierender Märkte finden Angebots- und Nachfrageänderungen mit Hilfe von Preis- und Mengenreaktion auf den Güter- und Faktormärkten statt. Die Ergebnisse dieser Prozesse entsprechen zwar in der Regel den Knappheiten auf dem Markt, nicht aber immer den Vorstellungen der Gesellschaft und der Politik. Somit versucht man durch Eingriffe in das Marktgeschehen (Regulierungen), Preise (hier Mindestlohn, Höchstpreis) oder das Produktionsergebnis (hier: Kontingent) zu beeinflussen. In der Folge entstehen künstliche Knappheiten oder Überschüsse, die gegebenenfalls mit Subventionen (öffentliche Mittel) bzw. Transfers wieder korrigiert werden müssen.

4. Literaturempfehlung

Grote, Michael H.; Wellmann, Andreas (1999): Mikroökonomik, München, Wien 1999, S. 108–111.
Samuelson, Pauls. A.; Nordhaus, Wiliam D. (2005): Volkswirtschaftslehre, 18. Auflage, Landsberg am Lech 2005, S. 119–125.

Aufgabe 26: Marktanalyse Immobilienmarkt

Verstehen, Transfer
Bearbeitungszeit: 15 Minuten

1. Aufgabenstellung

Derzeit wird viel über stark steigende Mietpreise in Ballungszentren diskutiert. Analysieren Sie anhand eines Preis-Mengen-Diagramms eine Nachfragesteigerung nach Wohnimmobilien in Ballungszentren. Beschreiben Sie die alte und neue Gleichgewichtssituation. Vergleichen Sie das neue Gleichgewicht mit einem „normalen" Markt für industrielle Produkte. Erklären Sie bitte die unterschiedlichen Ergebnisse.

2. Lösung

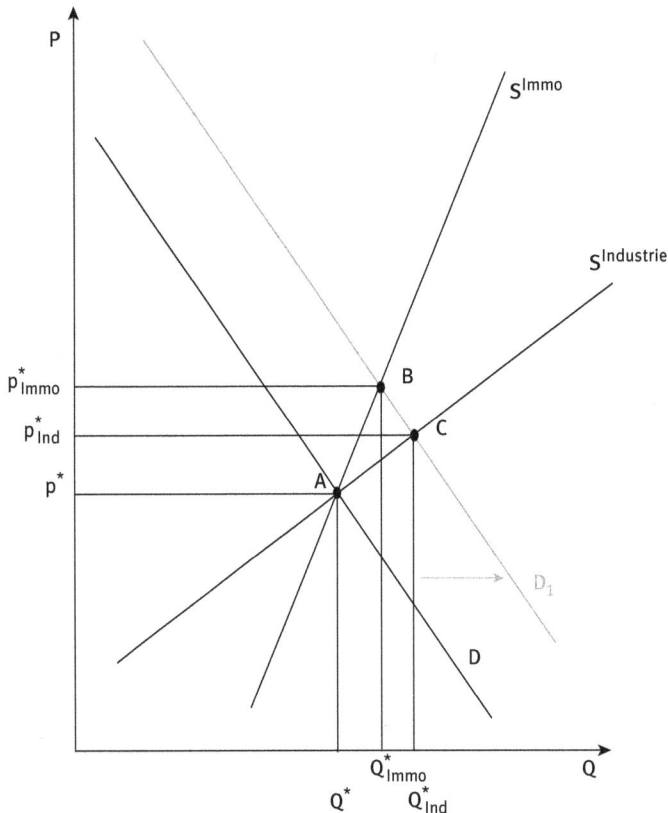

Die obige Abbildung zeigt die grafische Lösung. Die Ausgangssituation bildet Punkt A, bei dem eine Gleichgewichtssituation in einem Markt dargestellt ist. Im Folgenden werden die unterschiedlichen Reaktionen der beiden Märkte analysiert. Zunächst zur Ausgangssituation: Die Angebotskurve S^{Immo} stellt die Angebotskurve des Immobilienmarktes dar. Da sich das Angebot im Vergleich zu einem Markt für Industriegüterprodukte nur ungleich schwerer erhöhen lässt (oder im Zweifelsfall zumindest kurzfristig gar nicht...), ist das Angebot relativ unelastisch. Das Angebot an Wohnimmobilien kann im Vergleich zu Industrieprodukten nicht innerhalb weniger Wochen deutlich gesteigert werden. Die Kurve verläuft also deutlich steiler als die Angebotskurve für Industrieprodukte, die als $S^{Industrie}$ eingezeichnet ist.

Nun verschiebt die Nachfrageerhöhung nach Wohnraum in Ballungsgebieten (etwa aufgrund einer Landflucht oder einer zunehmenden Nachfrage nach Studienplätzen) die Nachfragekurve nach rechts. Die Folgen sind aus den beiden neuen Gleichgewichtssituationen ersichtlich: Der Preis steigt auf dem Immobilienmarkt deutlich stärker an als auf einem Industriegütermarkt, die Menge aber deutlich geringer. Das neue Gleichgewicht auf dem Immobilienmarkt ist B, und der (Miet-)Preis würde sich auf p^{*}_{Immo} erhöhen. Im Vergleich dazu wäre die Entwicklung auf einem Industriegütermarkt weniger dramatisch: Das neue Gleichgewicht in C würde einen Preisanstieg auf „nur" p^{*}_{Ind} induzieren, mit einer deutlich höheren Menge (Q^{*}_{Ind}).

3. Hinweise zur Lösung

In dieser Aufgabe sind zwei kleine Hürden eingebaut, die zu meistern sind. Die wichtigste stellt wohl der Transfer dar, dass es sich bei einem Immobilienmarkt um einen besonderen Markt in dem Sinne handelt, dass er durch ein relativ unelastisches Angebot gekennzeichnet ist und die Angebotskurve daher steil verläuft. Dass eine Nachfrageerhöhung die Nachfragekurve nach rechts verschiebt, dürfte eine weniger schwerwiegende Herausforderung sein.

Als geschulter Ökonom sehen Sie, dass die Verwunderung und das Entsetzen in zahlreichen TV-Talkshows über steigende Mietpreise in Ballungszentren bei Ihnen eigentlich kein großes Erstaunen hervorrufen sollte. In anderen Ballungszentren wie Paris, London oder New York sind 1.000 Euro Monatsmiete für ein kleines Studentenappartement in sehr schlechtem Zustand keine Seltenheit. Die beste Antwort auf diese Entwicklung wäre, das Angebot an Wohnraum deutlich zu erhöhen, etwa durch Anreize für Investoren oder Sondergenehmigungen für Aufstockungen. Dies würde die Angebotskurve nach rechts verschieben und damit ceteris paribus für eine Preissenkung sorgen.

4. Literaturempfehlung

Mankiw, N. Gregory; Taylor, Mark P. (2012): Grundzüge der Volkswirtschaftslehre, 5. Auflage, Stuttgart 2012, S. 124–141.

Aufgabe 27: Marktanalyse Ölpreisentwicklung

Verstehen, Anwenden
Bearbeitungszeit: 20 Minuten

1. Aufgabenstellung

Ein Blick auf die empirischen Fakten zeigt, dass der Ölpreis während der beiden Öl-
preisschocks in den 1970er-Jahren stark angestiegen war, ebenso aber auch zwischen
den Jahren 2004 und 2009, die allerdings weltwirtschaftliche Boomjahre waren.

Zeigen Sie anhand des Rohölmarktes im Preis-Mengen-Diagramm, wie sich diese
Entwicklungen im Modell darstellen lassen. Gehen Sie bitte auch auf die unterschiedlichen Wohlfahrtswirkungen ein, die sich dadurch auf diesem Markt ergeben.

2. Lösung

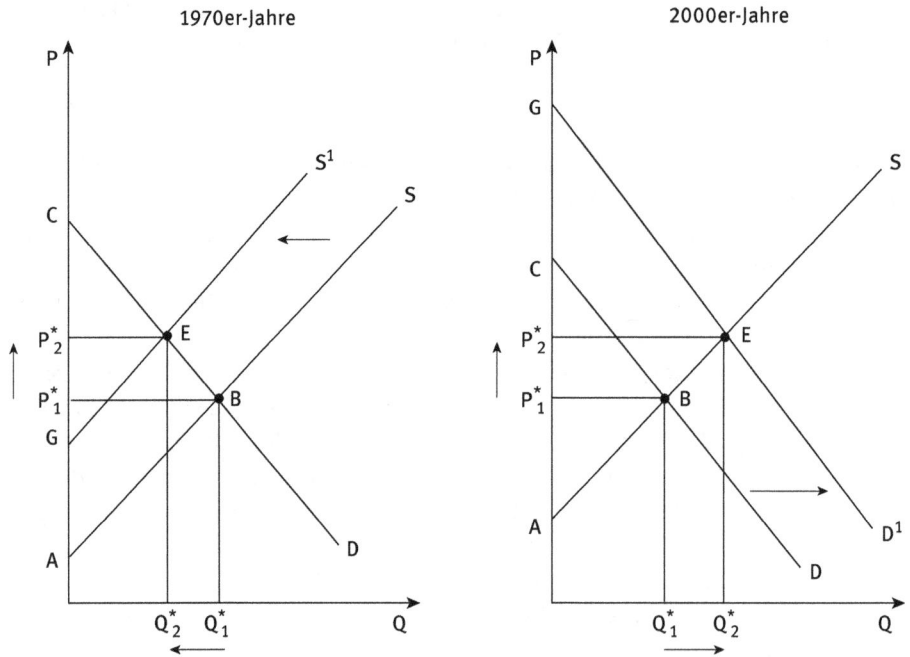

Die Lösung der Aufgabe ist in den beiden Abbildungen dargestellt. In den 1970er-Jahren beschloss die OPEC, das Angebot am Markt zu drosseln. Ausgehend vom Gleichgewicht in B verschiebt die Angebotsreduzierung die Angebotskurve bei zunächst gegebenem Preis nach links und verursacht damit einen Nachfrageüberhang. Der Anpassungsmechanismus über die beiden Variablen Preis und Menge führt zu einem neuen Gleichgewicht in Punkt E. Im neuen Gleichgewicht ergibt sich eine niedrigere am Markt verfügbare Menge zu einem höheren Preis. Eine niedrigere Menge und ein höherer Preis wirken beide für sich genommen negativ auf die Wohlfahrt des Marktes. Preis- und Mengeneffekt wirken in die gleiche Richtung und kompensieren sich nicht, weshalb dies zwingend negative Wohlfahrtseffekte nach sich ziehen muss. Während die Gesamtrente in der ersten Situation ABC betrug, beträgt sie nun in der Situation nach einem Kostenschock GEC. Die Gesamtwohlfahrt reduziert sich also um die Fläche ABEG.

In den 2000er-Jahren führte die starke wirtschaftliche Entwicklung in China und anderen Emerging Markets zu einem starken Nachfrageanstieg nach Rohöl. Die Nachfragekurve verschob sich also ausgehend von einem Gleichgewicht in B nach rechts. Dies erzeugt im Modell einen Nachfrageüberhang, der einen ansteigenden Rohölpreis induziert. Im neuen Gleichgewicht E ist der Preis für Rohöl zwar ebenfalls angestiegen. Jedoch hat auch die Produktionsmenge zugenommen. Obwohl der Preiseffekt für die Konsumenten ceteris paribus negativ wirkt, steigt die Gesamtwohlfahrt in diesem Fall an, und der Nettoeffekt ist positiv. Während die Gesamtwohlfahrt in der ersten Situation ABC beträgt, steigt sie nach dem Nachfrageanstieg im neuen Gleichgewicht auf AEG an. Der Nettowohlfahrtsgewinn beträgt BEGC.

3. Hinweise zur Lösung

Wichtig ist bei dieser Marktanalyse sich klarzumachen, dass ein Preisanstieg per se nicht zwangsläufig etwas Schlechtes bedeutet oder Marktbeobachtern Sorgen bereiten sollte. Entscheidend ist vielmehr, warum ein solcher Preisanstieg zustande kommt und was die dahinter stehenden Gründe sind. Im ersten Fall war dies eine Angebotsverknappung, im zweiten Fall war dies eine Ausweitung der Nachfrage. Trotz einer Preiserhöhung auf einem Markt kann es damit zu Nettowohlfahrtsgewinnen kommen.

4. Literaturempfehlung

Deutsche Bundesbank (2012): Der Rohölpreis und seine Bedeutung für die Konjunktur in den Industrieländern, Monatsbericht Juni 2012, S. 29–53.

Aufgabe 28: Mindestlohn

Verstehen, Bewerten
Bearbeitungszeit: 25 Minuten

1. Aufgabenstellung

CDU, CSU und SPD verständigten sich im Jahr 2013 in ihrem Koalitionsvertrag darauf, in Deutschland zum 1. 1. 2015 einen flächendeckenden gesetzlichen Mindestlohn in Höhe von 8,50 Euro pro Stunde einzuführen.

(a) Erläutern Sie die Wirkung eines Mindestlohns in Höhe von 8,50 Euro für gering qualifizierte Beschäftigte im Preis-Mengen-Diagramm! Führen Sie auch eine Wohlfahrtsbetrachtung durch!

(b) Erläutern Sie die Wirkung eines Mindestlohns in Höhe von 8,50 Euro für hochbezahlte Manager im Preis-Mengen-Diagramm!

(c) Recherchieren Sie, welche Erfahrungen andere Länder mit politisch verordneten Mindestlöhnen gemacht haben!

(d) Wie beurteilen Sie, auch im Lichte der Teilaufgaben (a) bis (c), die Einführung eines Mindestlohns in Deutschland? Geben Sie ein begründetes Statement ab!

(e) Kennen Sie andere Bereiche, in die der Staat mittels vergleichbarer Preiskontrollen (Mindest- oder Höchstpreise) eingreift oder eingegriffen hat? Was sind bzw. waren die Auswirkungen?

2. Lösung

(a) Ohne Mindestlohn ist das Marktgleichgewicht (Punkt f), also der Schnittpunkt von Angebotskurve (S) und Nachfragekurve (D), relevant. Der dann geltende Gleichgewichtslohn w_{GG} beträgt hier 5 Euro pro Stunde; die Gleichgewichtsmenge liegt bei L_{GG}. Weil sich Angebotsmenge und Nachfragemenge im Marktgleichgewicht genau entsprechen, gibt es in diesem Fall keine Arbeitslosigkeit.

Wird ein oberhalb des Gleichgewichtslohns w_{GG} liegender Mindestlohn w_M in Höhe von 8,50 Euro pro Stunde eingeführt, stimmen nun Angebotsmenge und Nachfragemenge nicht mehr überein. Bei einem Mindestlohn von 8,50 Euro pro Stunde steigt die Bereitschaft zu arbeiten bei den Anbietern von Arbeit, und die Angebotsmenge steigt auf L_{MS}; für die Arbeitsnachfrager wird Arbeit teurer, und die Nachfragemenge reduziert sich auf L_{MD}. Somit liegt nun ein Angebotsüberschuss am Arbeitsmarkt und somit Arbeitslosigkeit in Höhe von $L_{MS} - L_{MD}$ vor.

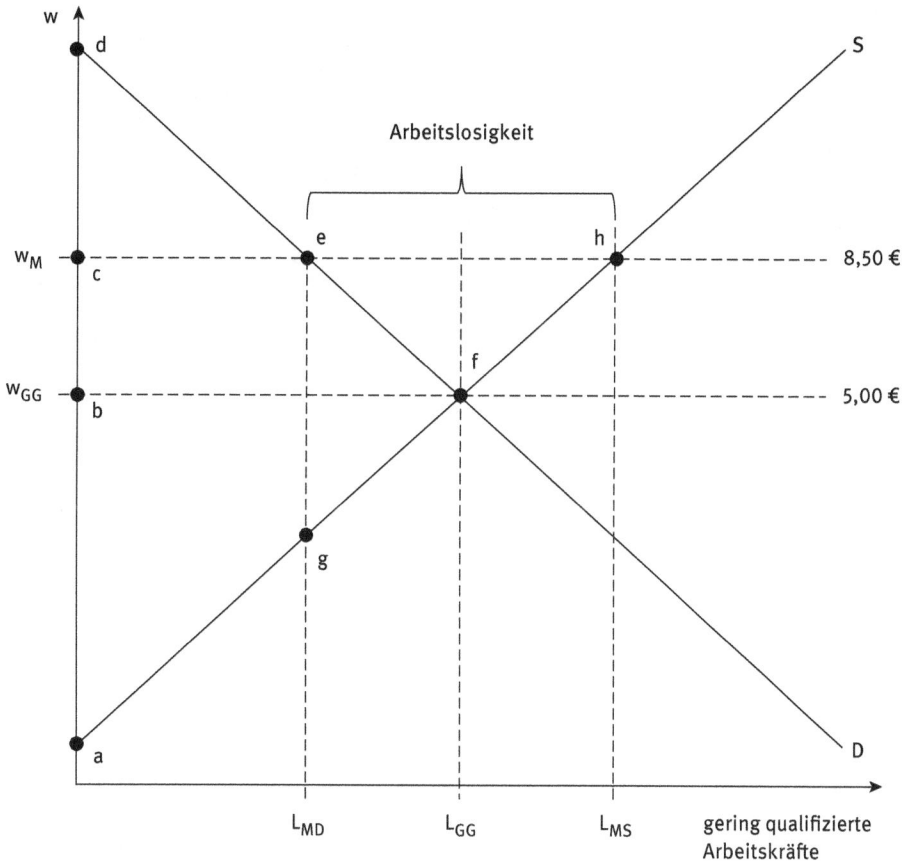

Wohlfahrtsbetrachtung:

Situation ohne Mindestlohn	
Konsumentenrente	Fläche bdf
Produzentenrente	Fläche abf
Summe	Fläche adf
Situation mit Mindestlohn	
Konsumentenrente	Fläche cde
Produzentenrente	Fläche aceg
Summe	Fläche adeg

Der Wohlfahrtsverlust durch Einführung eines Mindestlohns ist die Fläche gef.

(b) Der Stundenlohn für hochbezahlte Manger liegt deutlich höher als 8,50 Euro pro Stunde. Im Diagramm liegt der Mindestlohn w_M deshalb nun unterhalb der Gleichgewichtslohns w_{GG}. Insofern ist der Mindestlohn bei hochbezahlten Managern unwirksam, und es ist auch nach Einführung des Mindestlohns das Marktgleichgewicht (Punkt f) relevant.

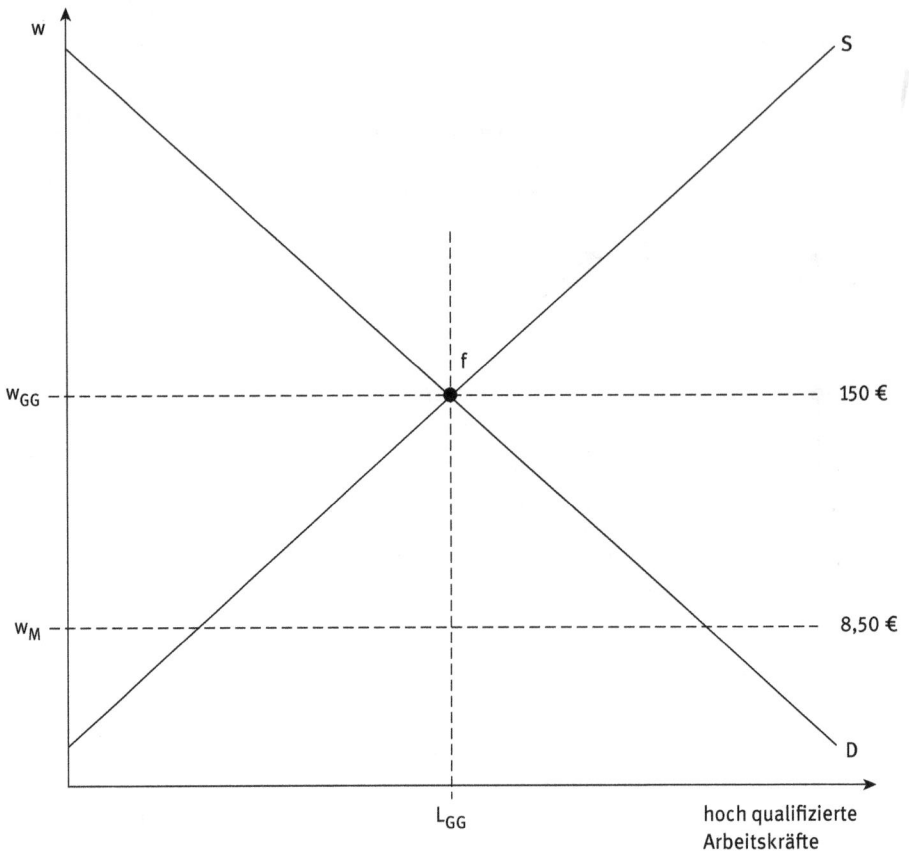

(c) Es findet sich (z. B. im Internet) eine Vielzahl von Informationen zu den Erfahrungen anderer Länder mit Mindestlöhnen; interessant ist dabei vor allem der Blick
auf Frankreich, Großbritannien und die USA.

(d) Gesetzliche Mindestlohnvorschriften wirken lediglich auf dem Arbeitsmarkt für
Geringverdiener, wo der Gleichgewichtslohn unterhalb des Mindestlohns liegt.
Die Modellanalyse aus Teilaufgabe (a) hat gezeigt, dass die Einführung von Mindestlöhnen zu Arbeitslosigkeit führen wird. Diejenigen Arbeitskräfte, die ihren
Arbeitsplatz behalten, sind die Gewinner und erhalten nun einen höheren Lohn.
Aus sozialpolitischen Erwägungen kann dies als erwünscht angesehen werden,
wenn Arbeitskräfte auskömmliche Lohnsätze erhalten und nicht mehr auf Transferzahlungen des Staates angewiesen sind. Verlierer sind diejenigen Arbeitskräfte, die aufgrund des Mindestlohnes nun keine Arbeit mehr finden. Sofern der Mindestlohn nicht zu weit oberhalb des Gleichgewichtslohns liegt, ist allerdings nicht
damit zu rechnen, dass sich die Arbeitslosigkeit in erheblichem Maße vergrößert.
Dies bestätigen auch die Erfahrungen mit Mindestlöhnen in anderen Ländern.

(e) Beispiele für Preiskontrollen sind:
- Höchstmieten im sozialen Wohnungsbau. Damit soll die Versorgung der Bevölkerung (bzw. sozial als bedürftig angesehener Gruppen) mit bezahlbarem Wohnraum sichergestellt werden. Allerdings führen Höchstmieten zu einem Nachfrageüberschuss, also zu einer Unterversorgung.
- Höchstpreise für Lebensmittel in der DDR. Ziel war die Versorgung der Bevölkerung mit bezahlbaren Nahrungsmitteln. Auch hier kam es im Ergebnis zu einem Nachfrageüberschuss; Schlange stehen vor Geschäften und Rationierung waren die Konsequenzen.
- Mindestpreise für Agrarerzeugnisse. Solche Preisvorschriften sollten die Landwirtschaft vor existenzbedrohend niedrigen Preisen schützen. Folge ist – wie beim Mindestlohn – ein Angebotsüberschuss, der sich hier z. B. in Form von „Butterbergen" und „Milchseen" äußert.

3. Hinweise zur Lösung

Wiederholen Sie zunächst, welche Auswirkungen Preisregulierungen (staatlich gesetzte Mindest- bzw. Höchstpreise) auf Gütermärkten ganz allgemein haben! Machen Sie sich außerdem bewusst, was der Unterschied zwischen einem Gütermarkt und einem Arbeitsmarkt ist, bevor Sie diese Aufgabe bearbeiten!

4. Literaturempfehlung

Goolsbee, Austan; Levitt, Steven; Syverson, Chad (2014): Mikroökonomik, Stuttgart 2014, S. 102–105.
Pindyck, Robert S.; Rubinfeld, Daniel L. (2013): Mikroökonomie, 8. Auflage, München et al. 2013, S. 448–450.

Aufgabe 29: Soziale Wohlfahrt I

Anwenden
Bearbeitungszeit: 3 Minuten

1. Aufgabenstellung

Bestimmen Sie graphisch nachfolgende Veränderungen der Produzentenrente eines Unternehmens, wenn der Preis steigt (ausgehend von P_1).
(a) Wie entwickelt sich die zusätzliche Produzentenrente für die ursprünglichen Anbieter?
(b) Welches ist die Produzentenrente der Markteinsteiger aufgrund des Marktzutrittssignals „steigender Preis"?

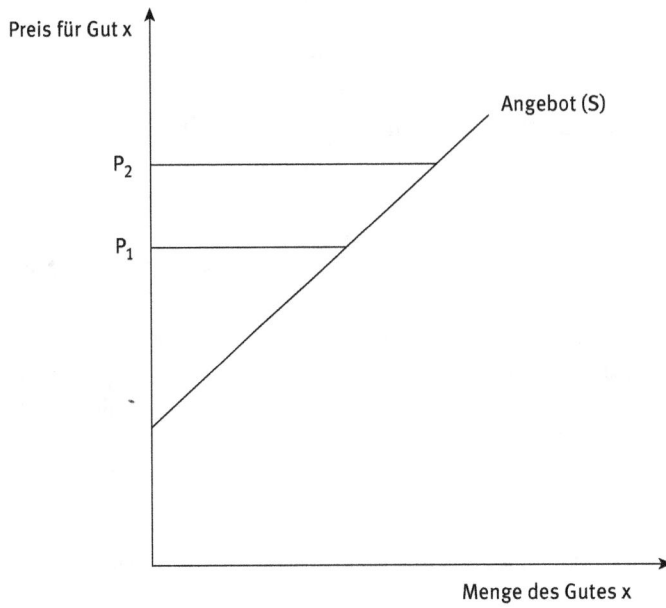

2. Lösung

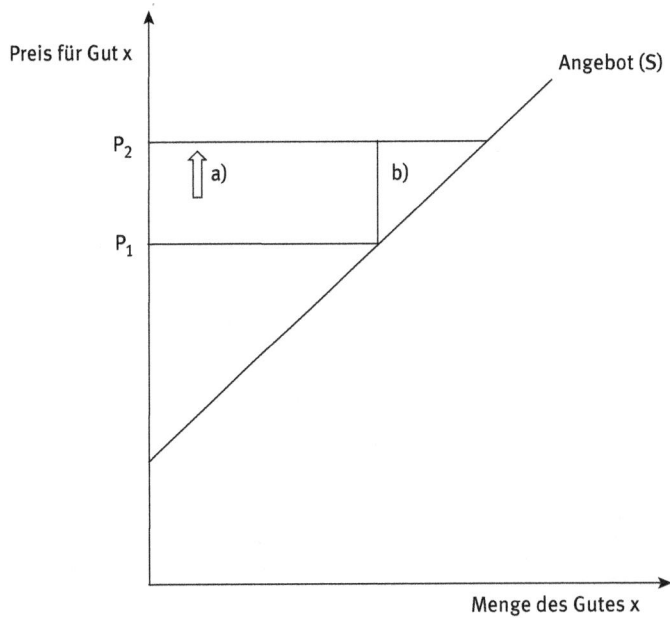

3. Hinweise zur Lösung

Als Produzentenrente eines Unternehmens bezeichnet man den Unterschied zwischen dem Preis, zu dem ein Unternehmen noch bereit wäre, ein Gut herzustellen und anzubieten und dem tatsächlichen Marktpreis. Ändert sich dieser Preis auf dem Markt, so ändert sich auch die Produzentenrente der bisherigen Anbieter. Ein steigender Marktpreis wirkt zudem als sog. Markteintrittssignal auf Unternehmen, und zwar für diejenigen Unternehmen, die bisher nicht anbieten konnten (z. B. weil ihre Kosten höher sind als die der Alt-Anbieter). Der Preisanstieg ermöglicht einen sog. Differenzialgewinn zwischen altem und neuem Marktpreis für die neuen Marktteilnehmer.

4. Literaturempfehlung

Mankiw, N. Gregory; Taylor, Mark P. (2012): Grundzüge der Volkswirtschaftslehre, 5. Auflage, Stuttgart 2012, S. 171–196.

Aufgabe 30: Soziale Wohlfahrt II

Anwenden
Bearbeitungszeit: 15 Minuten

1. Aufgabenstellung

Die Nachfrage nach grünen Gummienten sei durch sei durch $D(p) = 100 - p$ beschrieben. Die Anbieter stellen diese Gummienten entsprechend der Angebotsfunktion $S(p) = p$ zur Verfügung.
(a) Bestimmen Sie das Marktgleichgewicht.
(b) Bestimmen Sie die Konsumentenrente im Gleichgewicht.
(c) Bestimmen Sie die Produzentenrente im Gleichgewicht.

2. Lösung

(a) $S^* = D^* = 50$
(b) Konsumentenrente = 1250
(c) Produzentenrente = 1250

3. Hinweise zur Lösung

(a) Im Marktgleichgewicht gilt $S = D$. Deswegen sind die gegebenen Angebots- und Nachfragefunktionen gleichzusetzten und nach p aufzulösen. In diesem Beispiel resultiert $p = 50$. Dieser Wert ist dann jeweils in die Angebots- und Nachfragefunktion einzusetzen.

(b) Die Konsumentenrente wird durch die Fläche zwischen der Nachfragekurve und der Gleichgewichtspreisfunktion (in diesem Beispiel $p^* = 50$) beschrieben. Inhaltlich handelt es sich hierbei um diejenigen Nachfrager, die eine Zahlungsbereitschaft für grüne Gummienten aufweisen, die größer ist als der Gleichgewichtspreis. Da es sich im vorliegenden Beispiel bei der Nachfragefunktion um eine Gerade handelt, entspricht die Fläche einem rechtwinkligen Dreieck. Der Flächeninhalt ergibt sich aus dem Produkt der beiden Katheten (hier jeweils 50), geteilt durch zwei.

(c) Die Produzentenrente wird durch die Fläche zwischen der Gleichgewichtspreisfunktion (in diesem Beispiel $p^* = 50$) und der Angebotskurve beschrieben. Inhaltlich handelt es sich hierbei um diejenigen Anbieter, die grüne Gummienten auch zu einem niedrigeren Preis als dem Gleichgewichtspreis anbieten würden. Da es sich im vorliegenden Beispiel bei der Angebotsfunktion um eine Gerade handelt, entspricht die Fläche einem rechtwinkligen Dreieck. Der Flächeninhalt ergibt sich aus dem Produkt der beiden Katheten (hier jeweils 50), geteilt durch zwei.

4. Literaturempfehlung

Stocker, Ferry (2014): Moderne Volkswirtschaftslehre, 7. Auflage, München 2014, S. 125–127.
Varian, Hal R. (2011): Grundzüge der Mikroökonomik, 8. Auflage, München 2011, S. 277–297.

Aufgabe 31: Soziale Wohlfahrt III

Anwenden
Bearbeitungszeit: 45 Minuten

1. Aufgabenstellung

Auf dem Markt für ein landwirtschaftliches Produkt gilt die Nachfragefunktion $P = 1.600 - 1{,}5Q_D$ und die Angebotsfunktion $P = 300 + \frac{2}{3}Q_S$ mit P = Preis, Q_D = nachgefragte Menge, Q_S = angebotene Menge. Es gebe auf diesem Markt viele Nachfrager und viele Anbieter.

(a) Zeichnen Sie die Nachfragekurve und die Angebotskurve in ein Preis-Mengen-Diagramm ein und kennzeichnen Sie das Marktgleichgewicht. Markieren Sie in diesem Diagramm Konsumenten- und Produzentenrente! Berechnen Sie anschließend Gleichgewichtsmenge und -preis sowie Konsumentenrente, Produzentenrente und soziale Wohlfahrt!

(b) Ausgehend von Teilaufgabe (a) führt der Staat eine Steuer von 13 Euro pro Stück ein. Die Steuer wird bei den Anbietern erhoben. Illustrieren Sie diese Situation im Preis-Mengen-Diagramm! Berechnen Sie die neue Menge und den neuen Preis sowie Konsumentenrente, Produzentenrente, soziale Wohlfahrt und schließlich den Wohlfahrtsverlust gegenüber Aufgabenteil (a). Wer trägt die Steuer ökonomisch?

(c) Ausgehend von Teilaufgabe (a) setzt der Staat einen Mindestpreis von 900 Euro fest. Illustrieren Sie diese Situation im Preis-Mengen-Diagramm! Berechnen Sie die neue Menge und den neuen Preis sowie Konsumentenrente, Produzentenrente, soziale Wohlfahrt und schließlich den Wohlfahrtsverlust gegenüber Aufgabenteil (a). Was ändert sich, wenn der Staat statt dessen den Mindestpreis bei 500 Euro ansetzt?

(d) Ausgehend von Teilaufgabe (a) sei nun davon ausgegangen, dass die Produktion des landwirtschaftlichen Produkts mit einem negativen externen Effekt verbunden sei. Die privaten Grenzkosten kommen in der oben genannten Angebotsfunktion zum Ausdruck. Die externen Grenzkosten sind gleich $25 + \frac{1}{3}Q_S$. Ermitteln Sie grafisch und rechnerisch, wie sich Marktgleichgewicht und volkswirtschaftliches Optimum voneinander unterscheiden! Berechnen Sie die Höhe des Wohlfahrtsverlustes durch den negativen externen Effekt, wenn weiter im Marktgleichgewicht produziert wird!

2. Lösung

(a)

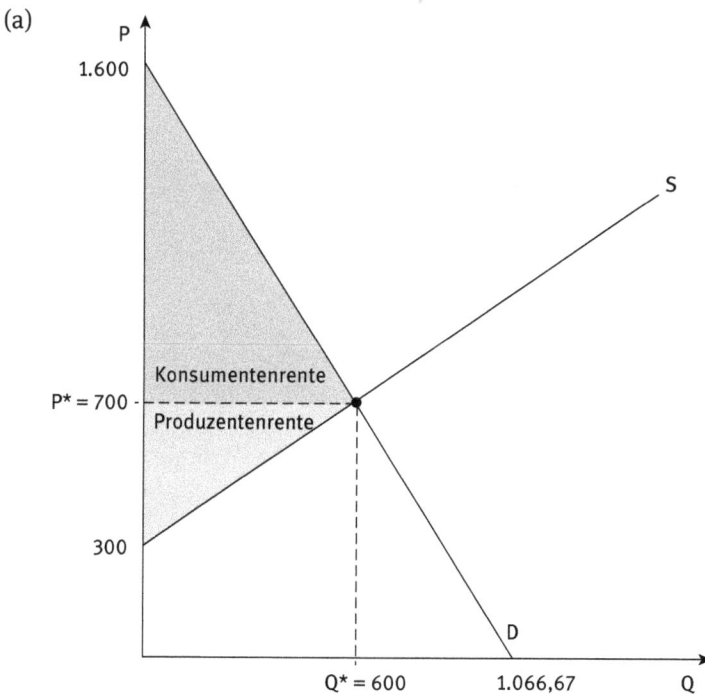

Angebotsfunktion (S):

$$P = 300 + \tfrac{2}{3}Q_S$$

Nachfragefunktion (D):

$$P = 1.600 - 1{,}5Q_D$$

Berechnung von Gleichgewichtspreis (P^*) und Gleichgewichtsmenge (Q^*) durch Ermittlung des Schnittpunkts von Angebotsfunktion (S) und Nachfragefunktion (D):

$$Q^* = Q_S = Q_D$$
$$300 + \tfrac{2}{3}Q^* = 1.600 - 1,5Q^*$$
$$Q^* = 600$$
$$P^* = 700$$

Berechnung der Konsumentenrente (KR):

$$KR = \tfrac{1}{2}(1.600 - 700) \cdot 600 = 270.000$$

Berechnung der Produzentenrente (PR):

$$PR = \tfrac{1}{2}(700 - 300) \cdot 600 = 120.000$$

Berechnung der sozialen Wohlfahrt (SW):

$$SW = KR + PR = 390.000$$

(b)

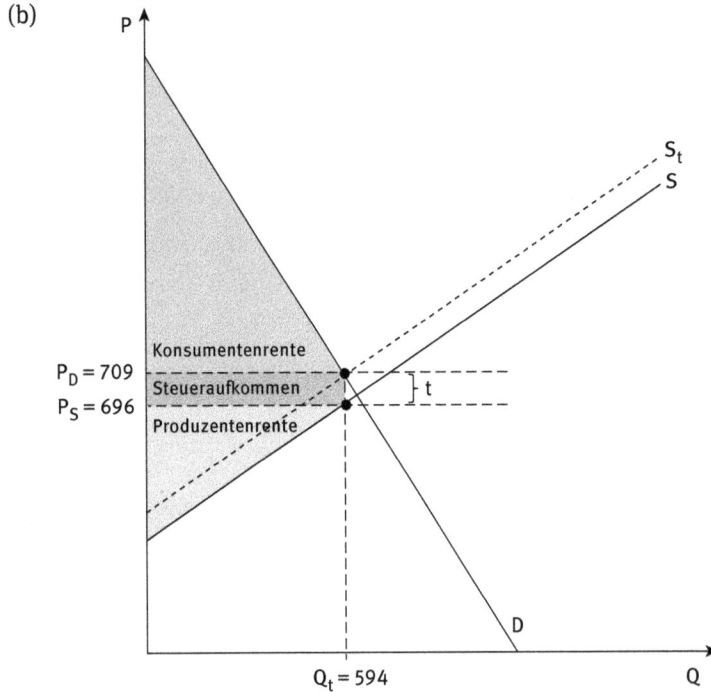

Ermittlung der um den Steuersatz t nach oben verschobenen Angebotsfunktion (S_t):

$$P = (300 + t) + \tfrac{2}{3}Q_S \qquad \text{mit } t = 13$$
$$P = (300 + 13) + \tfrac{2}{3}Q_S$$

Rechnerische Ermittlung des Schnittpunkts von der um den Steuersatz t nach oben verschobenen Angebotsfunktion (S_t) und der bisherigen Nachfragefunktion (D):

$$313 + \tfrac{2}{3}Q_t = 1.600 - 1{,}5Q_t$$
$$Q_t = 594 \qquad\qquad \text{mit } Q_t = \text{Menge bei Besteuerung}$$

Rechnerische Ermittlung des Anbieterpreises (P_S) durch Einsetzen von Q_t in die bisherige Angebotsfunktion (S):

$$P_S = 300 + \tfrac{2}{3} \cdot 594 = 696$$

Rechnerische Ermittlung des Nachfragepreises (P_D) durch Einsetzen von Q_t in die bisherige Nachfragefunktion (D):

$$P_D = 1600 - 1{,}5 \cdot 594 = 709$$

Preis ohne Steuer: $P = 700$
Anbieterpreis bei Besteuerung: $P_S = 696$
Nachfragerpreis bei Besteuerung: $P_D = 709$
 Daraus folgt, dass die Nachfrager einen Anteil von 9 € an der Gesamtsteuer pro Stück und die Anbieter einen Anteil von 4 € an der Gesamtsteuer pro Stück tragen.
 Berechnung der Konsumentenrente (KR):

$$\text{KR} = \tfrac{1}{2}(1.600 - 709) \cdot 594 = 264.627$$

Berechnung der Produzentenrente (PR):

$$\text{PR} = \tfrac{1}{2}(696 - 300) \cdot 594 = 117.612$$

Berechnung des Steueraufkommens (TR):

$$\text{TR} = 13 \cdot 594 = 7.722$$

Berechnung der sozialen Wohlfahrt (SW):

$$\text{SW} = \text{KR} + \text{PR} + \text{TR} = 389.961$$

Berechnung des Wohlfahrtsverlusts (WV) durch die Besteuerung:

$$WV = 390.000 - 389.961 = 39$$

(c)

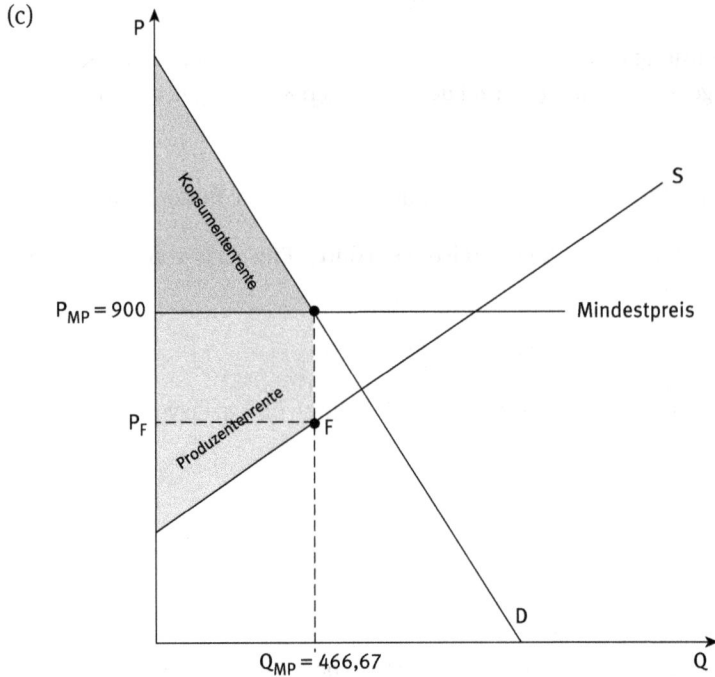

Ermittlung der Menge Q_{MP}, die bei einem Mindestpreis von 900 € (P_{MP}) gilt, durch Einsetzen von Mindestpreises in die bisherige Nachfragefunktion (D):

$$P_{MP} = 1.600 - 1,5 Q_{MP}$$
$$900 = 1.600 - 1,5 Q_{MP}$$
$$Q_{MP} = 466,67$$

Der neue Preis ist der Mindestpreis $P_{MP} = 900$

Berechnung der Konsumentenrente (KR):

$$KR = \tfrac{1}{2}(1.600 - 900) \cdot 466,67 = 163.333,33$$

Berechnung der Produzentenrente (PR):
Hierzu Berechnung von P_F durch Einsetzen von Q_{MP} in die Angebotsfunktion (S):

$$P_F = 300 + \tfrac{2}{3} \cdot 466{,}67 = 611\tfrac{1}{9}$$

Anschließend kann die Produzentenrente berechnet werden:

$$PR = \tfrac{1}{2}(611\tfrac{1}{9} - 300) \cdot 466\tfrac{2}{3} + (900 - 611\tfrac{1}{9}) \cdot 466\tfrac{2}{3} = 207.407{,}41$$

Berechnung der sozialen Wohlfahrt (SW):

$$SW = KR + PR = 370.740{,}74$$

Berechnung des Wohlfahrtsverlusts (WV) durch den Mindestpreis:

$$WV = 390.000 - 370.740{,}74 = 19.259{,}26$$

Ein Mindestpreis von 500 € wäre unwirksam, weil er unterhalb des Gleichgewichtspreises liegt.

(d)

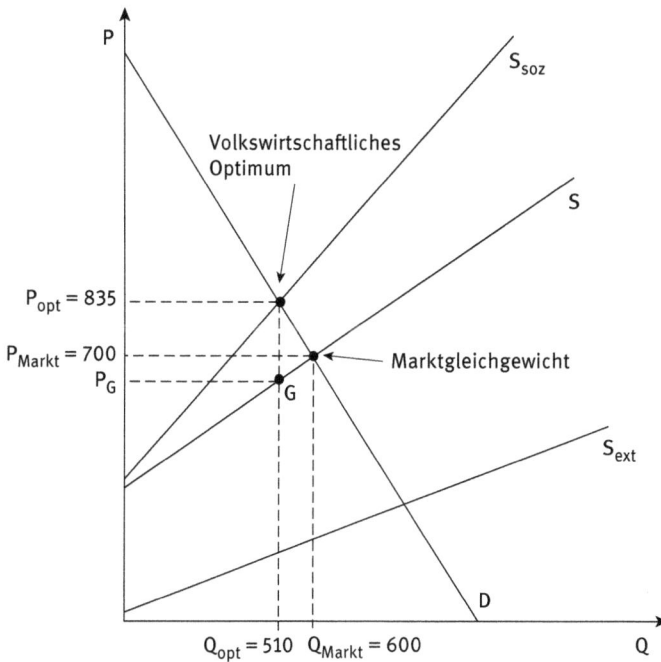

Ermittlung der Funktion der Sozialen Grenzkosten (S_{soz}) durch Addition der Angebotsfunktion und der Funktion der Externen Grenzkosten (S_{ext}):

$$P = 300 + \tfrac{2}{3}Q_S + 25 + \tfrac{1}{3}Q_S = 325 + Q_S$$

Ermittlung der volkswirtschaftlich optimalen Menge Q_{opt} durch Gleichsetzen der Funktion der Sozialen Grenzkosten (S_{soz}) und der bisherigen Nachfragefunktion (D):

$$325 + Q_{opt} = 1.600 - 1{,}5Q_{opt}$$
$$Q_{opt} = 510$$

Ermittlung des volkswirtschaftlich optimalen Preises P_{opt} durch Einsetzen von Q_{opt} in die Funktion der Sozialen Grenzkosten (S_{soz}):

$$P_{opt} = 325 + 510 = 835$$

Zum Vergleich: Das Marktgleichgewicht liegt – wie in Aufgabenteil (a) berechnet – bei:

$$Q_{Markt} = 600$$
$$P_{Markt} = 700$$

Berechnung der sozialen Wohlfahrt beim volkswirtschaftlichen Optimum:
Berechnung der Konsumentenrente (KR):

$$KR = \tfrac{1}{2}(1.600 - 835) \cdot 510 = 195.075$$

Berechnung der Produzentenrente (PR):
Hierzu Berechnung von P_G durch Einsetzen von Q_{opt} in die Angebotsfunktion (S):

$$P_G = 300 + \tfrac{2}{3} \cdot 510 = 640$$

Anschließend kann die Produzentenrente berechnet werden:

$$PR = \tfrac{1}{2}(640 - 300) \cdot 510 + (835 - 640) \cdot 510 = 186.150$$

Berechnung der Externen Kosten (EK):
Vorüberlegung: Bei Q_{opt} = 510 betragen die Externen Grenzkosten 195

$$EK = \tfrac{1}{2}(195 - 25) \cdot 510 + 25 \cdot 510 = 56.100$$

Berechnung der sozialen Wohlfahrt beim volkswirtschaftlichen Optimum (SW$_{opt}$):

$$SW_{opt} = KR + PR - EK = 325.125$$

Berechnung der sozialen Wohlfahrt beim Marktgleichgewicht:
Konsumentenrente (KR): KR = 270.000 (siehe Aufgabenteil (a))
Produzentenrente (PR): PR = 120.000 (siehe Aufgabenteil (a))
    Berechnung der Externen Kosten (EK):
Vorüberlegung: Bei Q_{Markt} = 600 betragen die Externen Grenzkosten 225

$$EK = \tfrac{1}{2}(225 - 25) \cdot 600 + 25 \cdot 600 = 75.000$$

Berechnung der sozialen Wohlfahrt beim volkswirtschaftlichen Optimum (SW$_{Markt}$):

$$SW_{Markt} = KR + PR - EK = 315.000$$

Berechnung des Wohlfahrtsverlusts (WV) aus dem negativen externen Effekt bei Realisierung des Marktgleichgewichts:

$$WV = SW_{opt} - SW_{Markt} = 10.125$$

3. Hinweise zur Lösung

Wiederholen Sie vor der Bearbeitung dieser Aufgabe die Konzepte der Konsumentenrente und der Produzentenrente! Führen Sie sich klar vor Augen, worin der Nutzen von Konsumenten aus dem Kauf von Gütern und der Nutzen von Produzenten aus dem Verkauf von Gütern bestehen! Was bedeutet es, wenn durch eine wirtschaftspolitische Maßnahme die Summe aus Konsumenten- und Produzentenrente gestiegen bzw. gesunken ist? Was bedeutet es, wenn dabei die Konsumentenrente steigt oder sinkt, und was bedeutet es, wenn dabei die Produzentenrente steigt oder sinkt?

4. Literaturempfehlung

Goolsbee, Austan; Levitt, Steven; Syverson, Chad (2014): Mikroökonomik, Stuttgart 2014, S. 77–105, S. 114–128 und S. 829–834.
Pindyck, Robert S.; Rubinfeld, Daniel L. (2013): Mikroökonomie, 8. Auflage, München et al. 2013, S. 435–453, S. 469–472 und S. 884–887.

Aufgabe 32: Ertragsgesetz

Anwenden, Transfer
Bearbeitungszeit: 15 Minuten

1. Aufgabenstellung

Analysieren und ergänzen Sie die nachfolgende Darstellung des Ertragsgesetzes.

(a) Zeichnen Sie die Grenzertrags- („Q'") und die Durchschnittsertragskurve („Q/L")
   ein und beschriften Sie diese.
(b) Gliedern Sie den Verlauf des Ertragsgutes in 4 Phasen und erläutern Sie diese.
(c) Erläutern Sie die praktische Bedeutung des Ertragsgesetzes hinsichtlich der Lern-
   fähigkeit von Studierenden im Alltag des Studiums.
(d) Lässt sich das Ertragsgesetz anwenden zur Erklärung von Armut in überbevölkerten Ländern der Erde?

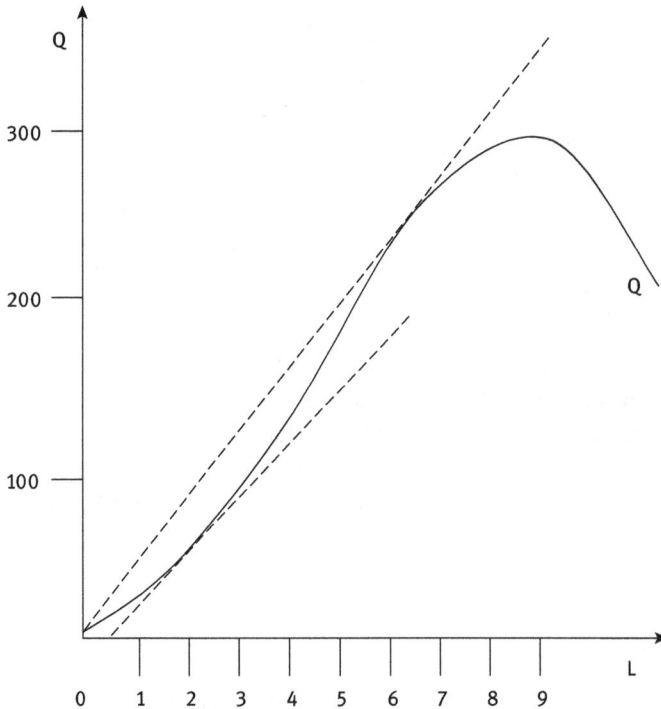

2. Lösung

(a) vgl. nachfolgende Abbildung Q' und Q/L

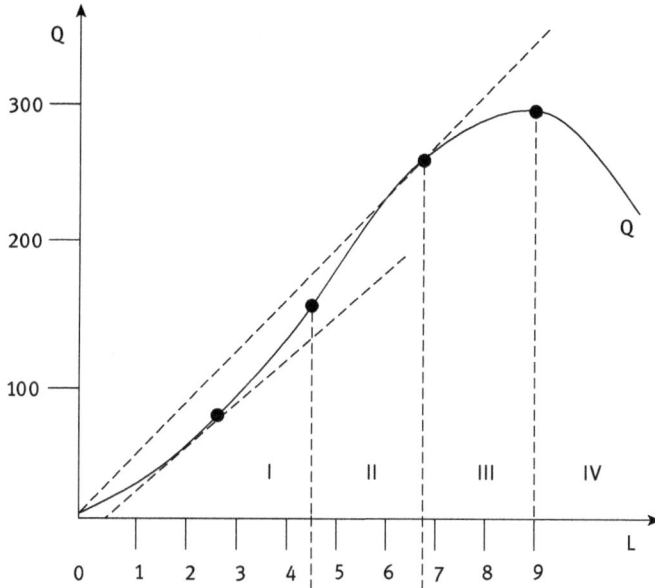

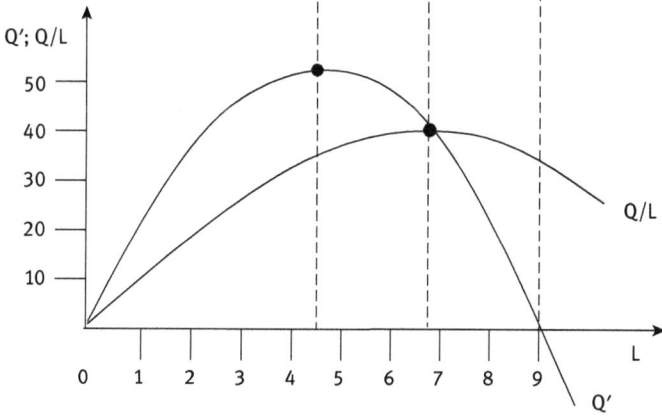

(b)

Phase	Gesamtprodukt Q	Durchschnitts-produkt q/r	Grenz-produktivität Q'	Produktions-elastizität $\varepsilon_{Q,r}$
I	nimmt mit steigendem Faktorinput immer stärker zu	positiv und zunehmend	positiv und zunehmend	$\varepsilon_{Q,r} > 1$
II	nimmt mit steigendem Faktorinput immer weniger zu	positiv und zunehmend	positiv und abnehmend	$\varepsilon_{Q,Lr} > 1$
III	nimmt mit steigendem Faktorinput relativ immer weniger zu	positiv und abnehmend	positiv und stärker abnehmend	$1 > \varepsilon_{Q,r} > 0$
IV	nimmt mit steigendem Faktorinput absolut ab	positiv und abnehmend	negativ und abnehmend	$0 > \varepsilon_{Q,r}$

Quelle: Hoyer, Werner; Eibner, Wolfgang (2011): Mikroökonomische Theorie, 4. Auflage, Konstanz, München 2011, S. 274, z. T. verändert, z. T. ergänzt.

Für die ökonomische Beurteilung der einzelnen Phasen kann man zum Beispiel die Produktionselastizität analysieren, die als das Verhältnis der prozentualen Veränderung des Gesamtproduktes (Q) zur prozentualen Veränderung der Einsatzmenge des variablen Produktionsfaktors (r) definiert ist (hier L = Arbeit):

$$\varepsilon_{Q,r} = \frac{\frac{\partial Q}{XQ}}{\frac{\partial r}{r}} \quad \text{bzw.} \quad \varepsilon_{Q,r} = \frac{\frac{\partial Q}{\partial r}}{\frac{XQ}{Lr}}$$

Damit entspricht die Produktionselastizität dem Verhältnis von Grenzproduktivität und Durchschnittsprodukt. Die Charakteristika der vier Phasen lassen sich wie folgt zusammenfassen:

–   Phase I: Hier nehmen Durchschnittsprodukt und Grenzproduktivität zu; der Wert der Grenzproduktivität liegt über dem des Durchschnittsproduktes. Die Produktionselastizität ist somit größer als eins. Der konstante und der variable Faktor stehen in einem Missverhältnis zueinander, respektive der konstante Faktor wird über Gebühr eingesetzt.

–   Phase II: Der Wert der Grenzproduktivität ist in dieser Phase wieder rückläufig, wenngleich das Durchschnittsprodukt immer noch zunimmt. Die Produktionselastizität ist größer als eins. Eine Produktion in diesem Bereich ist somit immer noch nicht optimal, weil der Wert der Grenzproduktivität den des Durchschnittsproduktes immer noch übertrifft.

–   Übergang von Phase II zu Phase III: Hier haben Durchschnittsprodukt und Grenzproduktivität den selben Wert und die Produktionselastizität nimmt den Wert eins an. Diese Situation wird im Schrifttum als „Betriebsoptimum" bezeichnet: Der Durchschnittsertrag erreicht sein Maximum.

- Phase III: Die Produktionselastizität liegt zwischen null und eins. Durchschnittsprodukt als auch die Grenzproduktivität sind noch positiv aber rückläufig. Eine Produktion in diesem Bereich sichert noch nicht die höchstmögliche Intensität der Nutzung des konstanten Produktionsfaktors: Das Gesamtprodukt kann durch Mehreinsatz des variablen Faktors zwar noch gesteigert werden, allerdings nur unter Inkaufnahme weiter abnehmender Grenz- und Durchschnittserträge.
- Übergang von Phase III nach Phase IV: Hier wird das sog. technische „Betriebsmaximum" erreicht. Das Gesamtprodukt kann durch einen zusätzlichen Einsatz des variablen Faktors nicht mehr erhöht werden, weil mit dem Übergang von III nach IV die Grenzproduktivität des variablen Faktors gleich null, bzw. in Phase IV sogar negativ wird.
- Phase IV: Hier ist das Einsatzmengenverhältnis zwischen variablem und konstantem Faktor sehr ungleich, so dass bei Mehreinsatz des variablen Produktionsfaktors das Gesamtprodukt absolut zurückgeht. Eine Produktion in diesem Bereich ist wenig sinnvoll.

Im Ergebnis kommt hauptsächlich eine Produktion im Bereich der Phase III in Betracht, in der durch erhöhten Einsatz des variablen Faktors das Produktionsergebnis erhöht werden kann und sowohl Grenzproduktivität als auch Durchschnittsprodukt zwar rückläufig, aber positiv sind ($0 \leq \varepsilon \leq 1$), wobei das Durchschnittsprodukt um immer größere Beträge über der Grenzproduktivität des variierten Faktors liegt.

(c) Der gesamte Lernerfolg (Ertrag) eines Studientags entspricht bei vielen Studierenden dem Verlauf des Ertragsgesetzes. Der Lernerfolg mag hoch sein; der Wirkungsgrad (Effizienz) der Kompetenzvermittlung ist aber über den Tag verteilt unterschiedlich (Grenzertrag). Während man in den ersten Unterrichtsstunden noch recht produktiv war, lässt die Aufmerksamkeit mit Fortschreiten des Tages nach, wenngleich unterstellt wird, dass alle Vorlesungen eigentlich „gleich interessant" sind. In der Phase IV des ertragsgesetzlichen Verlaufes befindet man sich, wenn man nach einem anstrengenden Vormittag zum Nachmittag hin noch eine Vorlesung besucht, z. B. um kein schlechtes Gewissen zu haben, sich am nächsten Tag aber an nichts erinnern kann, was man in den letzten Vorlesungsstunden „gehört" hat.

(d) Die abnehmenden Grenzerträge sind ein zentraler Faktor zur Erklärung von Armut in überbevölkerten Ländern, wenn diese ihre Wirtschaftskraft vor allem aus der Landwirtschaft beziehen. So müssen zu viele Bauern ein kleines Stück Land bewirtschaften. Der Einsatz des Produktionsfaktors Arbeit ist überproportional zum Ertrag.

3. Hinweise zur Lösung

Das Ertragsgesetz, auch genannt Gesetz vom abnehmenden Ertragszuwachs, beschäftigt sich mit der Frage, wie sich die Effizienz eines Produktionsprozesses entwickelt, wenn nur ein variabler Produktionsfaktor erhöht wird, die anderen aber gleich bleiben (ceteris paribus). Es wurde erstmalig formuliert im 18. Jh. von Anne Robert Jacques Turgot aufgrund von Beobachtungen in der Landwirtschaft. Er beobachtete, dass nicht jede Erhöhung des Einsatzes eines Produktionsfaktors zu einer gleich hohen Zunahme des Ertrags führt. Vielmehr trat das Gegenteil auf: Die Steigerung eines Produktionsfaktors führte unter der Bedingung, dass alle anderen Produktionsbedingungen gleich bleiben, zwar anfänglich zu einer Erhöhung des Ertrags. Diese Erhöhung des Ertrags fällt jedoch mit jeder weiteren Erhöhung des Produktionsfaktors immer geringer aus und wird ab einem bestimmten Zeitpunkt sogar null.

4. Literaturempfehlung

Hoyer, Werner; Eibner, Wolfgang (2011): Mikroökonomische Theorie, 4. Auflage, Konstanz, München 2011, S. 260–265 und S. 274.

Reiß, Winfried (2007): Mikroökonomische Theorie: Historisch fundierte Einführung, München, Wien 2007, Seite 90 ff.

Turgot, Anne-Robert-Jacques (1767, 1966): Oeuvres de Mr. Turgot, ministre d'État: Précédées et accompagnées de mémoires et de notes sur sa vie, son administration et ses ouvrages. Tome 1, Paris 1767, Nachdruck, Osnabrück 1966, S. 419–422.

Samuelson, Paul A.; Nordhaus Wiliam D. (2005): Volkswirtschaftslehre, 18. Auflage, Landsberg am Lech 2005, S. 164–167.

Aufgabe 33: Cobb-Douglas-Produktionsfunktion

Anwenden
Bearbeitungszeit: 15 Minuten

---

1. Aufgabenstellung

Gegeben ist die Produktionsfunktion: $Y = Q_1^{0,5} \cdot Q_2^{0,5}$

(a) Wie sieht die Produktionsfunktion aus, wenn der Einsatz des Faktors $Q_1 = 10$ konstant bleibt?

(b) Ermitteln Sie für $Q_2 = 10$ die Durchschnitts- und die Grenzproduktivitätsfunktion.

(c) Nun kann Q_2 wieder variiert werden. Wie hoch ist die Produktionselastizität des Faktors Q_2?

2. Lösung

(a) $Y = 3,16Q_2^{0,5}$
(b) Für die Durchschnittsproduktivität: $Y = 3,16Q_2^{-0,5}$;
    für die Grenzproduktivität: $Y = 1,58Q_2^{-0,5}$.
(c) $\varepsilon = 0,5$

3. Hinweise zur Lösung

(a) Wenn der Produktionsfaktor Q_1 konstant gehalten wird, dann hängt die Produktion ausschließlich von Q_2 ab. Also 10 für Q_1 einsetzen.
(b) Die Durchschnittsproduktivität ermittelt man, indem die Produktionsfunktion durch den Produktionsfaktor geteilt wird. Die Grenzproduktivität entspricht der ersten Ableitung der Produktionsfunktion.
(c) Die Produktionselastizität der Faktoren kann hier direkt abgelesen werden und entspricht den Exponenten der entsprechenden Faktoren (hier $\varepsilon = 0,5$). Diese einfache Lösung ist den besonderen Eigenschaften der hier zugrunde liegenden Produktionsfunktion (vom Typ Cobb-Douglas) geschuldet. Allgemein ermittelt man die Produktionselastizität, indem die partielle Ableitung der Funktion nach dem gefragten Faktor mit dem Faktor multipliziert und anschließend durch die Funktion selbst geteilt wird.

4. Literaturempfehlung

Endres, Alfred; Martiensen, Jörn (2007): Mikroökonomik, Eine integrierte Darstellung traditioneller und moderner Konzepte in Theorie und Praxis, Stuttgart, Berlin 2007, S. 227–230.
Hoyer, Werner; Eibner, Wolfgang (2011): Mikroökonomische Theorie, 4. Auflage, Konstanz, München 2011, S. 215–2646.

Aufgabe 34: Kostenanalyse I

Anwenden
Bearbeitungszeit: 10 Minuten

1. Aufgabenstellung

Bei der Produktion grüner Gummienten entstehen Ihnen Kosten entsprechend der Funktion: $K = 0,2Q^2 + 100$. Bitte ermitteln Sie die:
(a) Grenzkostenfunktion (K') ;
(b) Funktion der durchschnittlichen variablen Kosten;
(c) Funktion der durchschnittlichen fixen Kosten;
(d) Funktion der Durchschnittskosten.

2. Lösung

(a) $K' = 0,4Q$

(b) $\dfrac{K_{\text{var}}}{Q} = 0,2Q$

(c) $\dfrac{K_{\text{fix}}}{Q} = \dfrac{100}{Q}$

(d) $\dfrac{K}{Q} = 0,2Q + \dfrac{100}{Q}$

3. Hinweise zur Lösung

(a) Die Grenzkosten erhält man, indem man die erste Ableitung der Kostenfunktion bildet.
(b) Die durchschnittlichen variablen Kosten erhält man, indem man die variablen Kosten (hier: $K_{\text{var}} = 0,2Q^2$) durch die entsprechende Ausbringungsmenge Q teilt.
(c) Die durchschnittlichen fixen Kosten erhält man, indem man die von der Ausbringungsmenge unabhängigen fixen Kosten (hier: $K_{\text{fix}} = 100$) durch die entsprechende Ausbringungsmenge Q teilt.
(d) Die Durchschnittskosten erhält man, indem man die Gesamtkosten (hier: $K = 100 + 0,2Q^2$) durch die entsprechende Ausbringungsmenge Q teilt. In dieser Aufgabe können alternativ die Ergebnisse aus den Aufgabenteilen (b) und (c) addiert werden.

4. Literaturempfehlung

Brunner, Sibylle; Kehrle, Karl (2014): Volkswirtschaftslehre, 3. Auflage, München 2014, S. 259–266.
Varian, Hal R. (2011): Grundzüge der Mikroökonomik, 8. Auflage, München 2011, S. 423–430.

Aufgabe 35: Kostenanalyse II

Wissen, Verstehen
Bearbeitungszeit: 35 Minuten

1. Aufgabenstellung

Für ein Unternehmen stellt sich die Funktion der Gesamtkosten TC in Abhängigkeit von der produzierten Menge Q grafisch folgendermaßen dar:

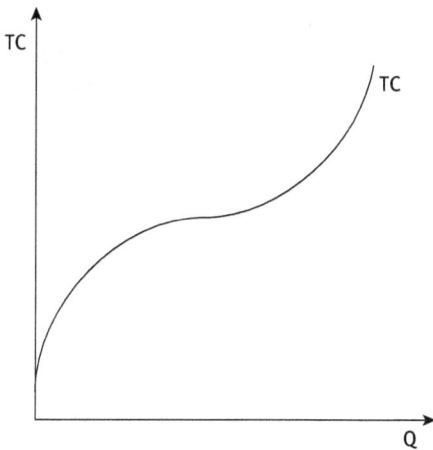

(a) Wie lassen sich aus den Gesamtkosten des Unternehmens die *Durchschnittskosten* grafisch und rechnerisch ermitteln?

(b) Wie lassen sich aus den Gesamtkosten des Unternehmens die *Grenzkosten* grafisch und rechnerisch ermitteln?

(c) Würden Sie folgender Aussage zustimmen: „Die Kosten eines Unternehmens haben Ihre Ursache in der Technologie des Unternehmens"?

(d) Interessant ist auch der Zusammenhang zwischen den Durchschnittskosten und den Grenzkosten. Zeichnen Sie in ein Diagramm sowohl die Durchschnitts- als auch die Grenzkosten unseres betrachteten Unternehmens ein. Wo schneiden sich diese beiden Kurven? Weshalb ist das der Fall?

(e) Gehen Sie nun abweichend davon aus, dass ein Unternehmen aufgrund eines großen Fixkostenblocks mit zunehmender Menge sinkende Durchschnittskosten aufweist. Zeichnen Sie diesen Verlauf in ein Diagramm ein. Wie verlaufen in dieser Situation nun die Grenzkosten im Verhältnis zu den Durchschnittskosten und weshalb ist dies der Fall?

2. Lösung

(a) Rechnerische Ermittlung:

$$AC = \frac{TC}{Q}$$

mit
AC = Durchschnittskosten
TC = Gesamtkosten
Q = Menge

Grafische Ermittlung:
Die Durchschnittskosten (AC) können grafisch mit Hilfe so genannter Fahrstrahlen ermittelt werden. Um die Durchschnittskosten für beispielsweise Q_X Mengen-

einheiten zu ermitteln, wird auf der Kurve der Gesamtkosten (TC) zunächst der zu der Menge Q_X gehörende Punkt X markiert. Nun wird eine Verbindungsgerade durch den Ursprung und den Punkt X gelegt. Die Steigung dieses Fahrstrahls gibt die Durchschnittskosten für Q_X Mengeneinheiten an. Die Wertekombination aus Steigung des Fahrstrahls und der zugehörigen Menge Q_X ist in das untere Diagramm zu übertragen. Diese Verfahrensweise ist für mehrere Punkte auf der Gesamtkostenkurve (z. B. Punkte V, W, Y, Z) zu wiederholen. Die in das untere Diagramm übertragenen Punkte sind zu verbinden, woraus sich die Kurve der Durchschnittskosten ergibt. Je mehr Punkte ermittelt werden, desto genauer ist die konstruierte Kurve der Durchschnittskosten.

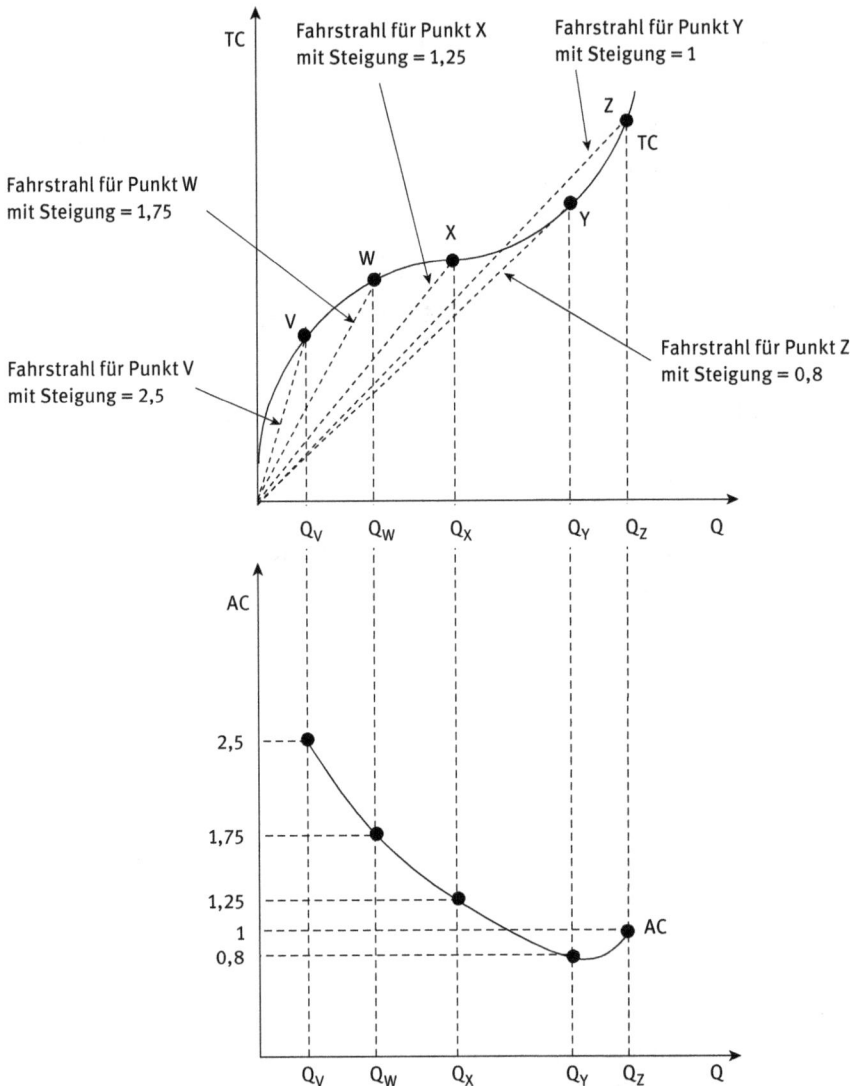

(b) Rechnerische Ermittlung:

$$MC = \frac{d\text{TC}}{dQ}$$

mit

MC = Grenzkosten

TC = Gesamtkosten

Q = Menge

Grafische Ermittlung:

Die Grenzkosten (MC) können grafisch mit Hilfe der Steigung der Kurve der Gesamtkosten (TC) ermittelt werden. Um die Grenzkosten an der Stelle Q_X Mengeneinheiten zu ermitteln, wird auf der Kurve der Gesamtkosten (TC) zunächst der zu der Menge Q_x gehörende Punkt X markiert. Es wird nun die Tangente für den Punkt X konstruiert. Die Steigung dieser Tangente gibt die Grenzkosten bei Q_X

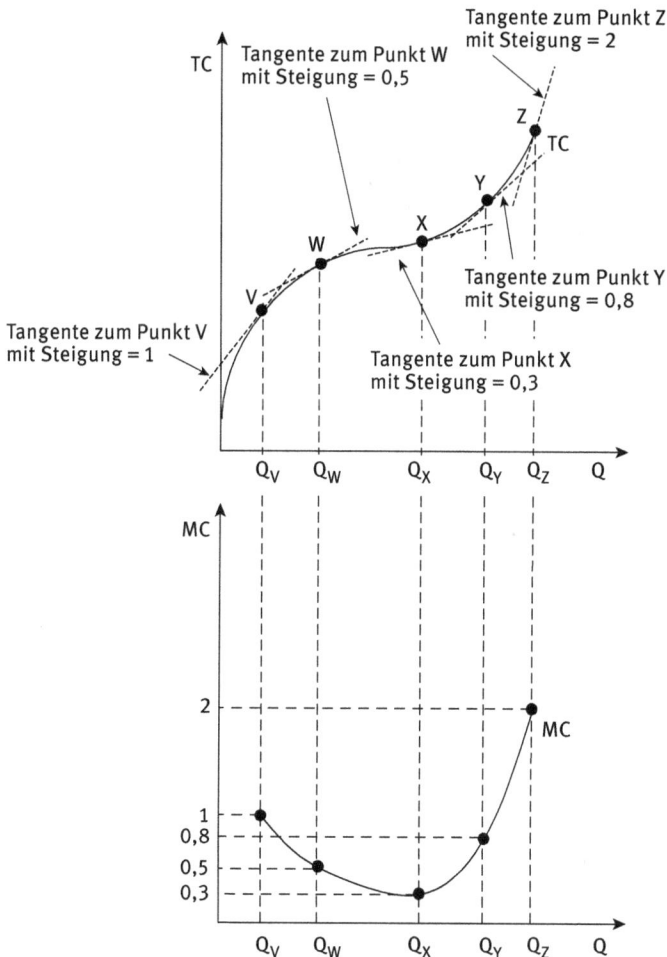

Mengeneinheiten an. Die Wertekombination aus Steigung der Tangente und der zugehörigen Menge Q_X ist in das untere Diagramm zu übertragen. Diese Verfahrensweise ist für mehrere Punkte auf der Gesamtkostenkurve (z. B. Punkte V, W, Y, Z) zu wiederholen. Die in das untere Diagramm übertragenen Punkte sind zu verbinden, woraus sich die Kurve der Grenzkosten ergibt. Je mehr Punkte ermittelt werden, desto genauer ist die konstruierte Kurve der Grenzkosten.

(c) Die Kostenfunktion ergibt sich aus der Produktionsfunktion; diese stellt den technologischen Zusammenhang zwischen Inputmenge und Outputmenge dar. Der Aussage ist deshalb zuzustimmen.

(d) Die Kurve der Grenzkosten (MC) schneidet die Kurve der Durchschnittskosten (AC) genau dort, wo sich das Minimum der Durchschnittskosten befindet. Die Grenzkosten sind die zusätzlichen Kosten für die Produktion einer weiteren Mengeneinheit eines Gutes. Solange diese unterhalb der Durchschnittskosten liegen, müssen die Durchschnittskosten weiter sinken. Dies ist deshalb der Fall, weil die nächste produzierte Einheit eines Gutes weniger Kosten verursacht als es für die bislang produzierten Mengeneinheiten im Durchschnitt der Fall gewesen ist. Wenn die Grenzkosten höher liegen als die Durchschnittskosten, müssen die Durchschnittskosten ansteigen, weil dann durch die Produktion einer zusätzlichen Einheit eines Gutes höhere Kosten entstehen als die bislang hergestellten Mengeneinheiten im Durchschnitt verursacht haben. Solange die Grenzkostenkurve unterhalb der Durchschnittskostenkurve verläuft, werden die Durchschnittskosten weiter sinken. Sobald die Grenzkosten höher als die Durchschnittskosten liegen, wird die Durchschnittskostenkurve ansteigen. Daraus folgt, dass die Grenzkostenkurve die Durchschnittskostenkurve genau in deren Minimum von unten durchstößt.

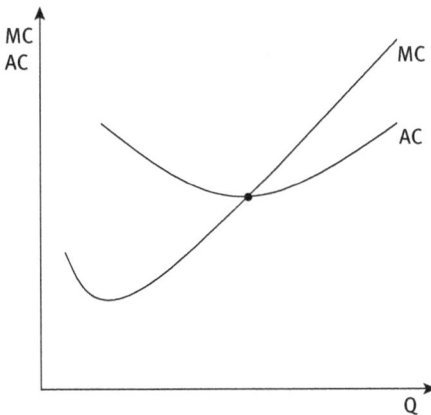

(e) Die Durchschnittskosten (AC) können nur dann mit jeder zusätzlichen Mengeneinheit sinken, wenn die Produktion der nächsten Einheit mit niedrigeren Kosten einhergeht, als bei der Produktion der bislang hergestellten Mengeneinheiten im

Durchschnitt entstanden sind. Die Kurve der Grenzkosten (MC) muss deshalb stets unterhalb der Kurve der Durchschnittskosten verlaufen, sonst würden die Durchschnittskosten bei zunehmender Menge nicht weiter sinken können.

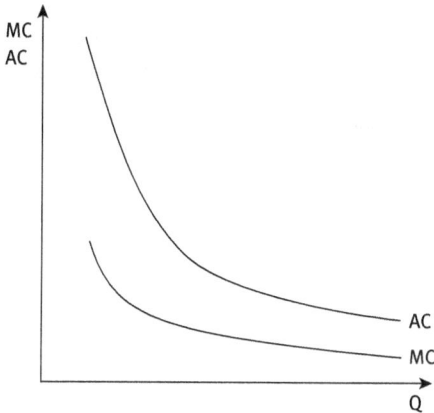

3. Hinweise zur Lösung

Führen Sie sich zunächst noch einmal vor Augen, wie sich die Kostenfunktion aus der Produktionsfunktion ergibt! Machen Sie sich außerdem ganz genau bewusst, was der Unterschied zwischen Durchschnittskosten und Grenzkosten ist! Für welche unternehmerischen Fragestellungen würde man eher auf die Durchschnittskosten, für welche Fragestellungen eher auf die Grenzkosten schauen?

4. Literaturempfehlung

Goolsbee, Austan; Levitt, Steven; Syverson, Chad (2014): Mikroökonomik, Stuttgart 2014,
    S. 347–361.
Schumann, Jochen; Meyer, Ulrich; Ströbele, Wolfgang (2011): Grundzüge der mikroökonomischen
    Theorie, 9. Auflage, Berlin et. al. 2011, S. 167–169.

Aufgabe 36: Elastizitäten

Wissen, Transfer
Bearbeitungszeit: 35 Minuten

1. Aufgabenstellung

Im November 2011 fand sich in der Internetausgabe des Handelsblatts die nachfolgend abgedruckte Meldung.

Campbell verbrennt sich an Preiserhöhung

Der Suppenhersteller, der in Deutschland mit Erasco und Heisse Tasse in den Supermärkten vertreten ist, konnte seine US-Kunden nicht von seinen höheren Preisen überzeugen. Zu viele Dosen blieben in den Regalen stehen.

Von hoher Arbeitslosigkeit und Wirtschaftsproblemen verunsicherte US-Kunden haben dem weltgrößten Suppenhersteller Campbell nach Preisanhebungen die kalte Schulter gezeigt. Der Umsatz in der US-Suppensparte ging im ersten Geschäftsquartal um 4 % zurück, teilte der Konzern am Dienstag mit. (…) Der Gewinn ging um 5 % auf 265 Millionen Dollar zurück. Die Aktie verlor an der Wall Street mehr als 6 %. (…)

Quelle: o. V.: Campbell verbrennt sich an Preiserhöhung, in: Handelsblatt (Internetausgabe www. handelsblatt.de) vom 22. November 2011.

(a) Was versteht man unter einer Elastizität?

(b) Welche Elastizitäten kennen Sie?

(c) Erstellen Sie eine Tabelle, aus der für alle in Teilaufgabe (b) genannten Elastizitäten die Interpretation für bestimmte Wertebereiche hervorgeht!

(d) Sehen Sie einen Bezug zwischen der Zeitungsmeldung und dem Elastizitätenkonzept? Hätte es dem Unternehmen genutzt, wenn es im Vorfeld der Preiserhöhung genaue Kenntnis über ein bestimmtes Elastizitätsmaß gehabt hätte? Welche Elastizität wäre hier relevant gewesen und weshalb?

(e) Wieso kann es für Unternehmen interessant sein zu wissen, wie groß die Elastizitäten auf ihrem Markt sind? Wie kann ein Unternehmen die konkreten Werte für Elastizitäten ermitteln?

2. Lösung

(a) Mit einer Elastizität wird gemessen, wie sich die relative Veränderung einer Einflussgröße (z. B. Preis eines Gutes oder Einkommen eines Haushalts) relativ auf eine andere Größe (z. B. nachgefragte Menge oder angebotene Menge) auswirkt.

(b) (i) Preiselastizität der Nachfrage:

$$E_D = \frac{\text{Relative Änderung der nachgefragten Menge von Gut A}}{\text{Relative Änderung des Preises von Gut A}}$$

Mit der Preiselastizität der Nachfrage wird gemessen, wie sich eine prozentuale Veränderung des Preises eines Gutes prozentual auf die nachgefragte Menge desselben Gutes auswirkt.

(ii) Preiselastizität des Angebots:

$$E_S = \frac{\text{Relative Änderung der angebotenen Menge von Gut A}}{\text{Relative Änderung des Preises von Gut A}}$$

Mit der Preiselastizität des Angebots wird gemessen, wie sich eine prozentuale Veränderung des Preises eines Gutes prozentual auf die angebotene Menge desselben Gutes auswirkt.

(iii) Kreuzpreiselastizität der Nachfrage:

$$E_C = \frac{\text{Relative Änderung der nachgefragten Menge von Gut B}}{\text{Relative Änderung des Preises von Gut A}}$$

Mit der Kreuzpreiselastizität der Nachfrage wird gemessen, wie sich eine prozentuale Veränderung des Preises eines Gutes prozentual auf die nachgefragte Menge eines anderen Gutes auswirkt.

(iv) Einkommenselastizität der Nachfrage:

$$E_I = \frac{\text{Relative Änderung der nachgefragten Menge von Gut A}}{\text{Relative Änderung des Einkommens}}$$

Mit der Einkommenselastizität der Nachfrage wird gemessen, wie sich eine prozentuale Veränderung des Einkommens prozentual auf die nachgefragte Menge eines Gutes auswirkt.

(c)

Wert	Interpretation
Preiselastizität der Nachfrage: $E_D = \frac{\text{Relative Änderung der nachgefragten Menge von Gut A}}{\text{Relative Änderung des Preises von Gut A}}$	
(Hinweis: die Preiselastizität der Nachfrage wird in der Regel als Betrag angegeben, obwohl sie genau genommen negativ ist)	
$E_D = 0$	„Vollkommen unelastische Nachfrage": Die Nachfrager lassen bei einer Preisänderung die nachgefragte Menge konstant. Dies ist bei lebensnotwendigen Gütern der Fall. Eine Preiserhöhung erhöht den Umsatz, eine Preissenkung mindert den Umsatz.
$0 < E_D < 1$	„Unelastische Nachfrage": Die Nachfrager reagieren mit der nachgefragten Menge unterproportional auf eine Preisänderung. Der Preiseffekt ist größer als der Mengeneffekt; bei einer Preiserhöhung steigt der Umsatz, bei einer Preissenkung sinkt der Umsatz.
$E_D = 1$	„Isoelastische Nachfrage": Die Nachfrager reagieren mit der nachgefragten Menge genau proportional auf eine Preisänderung. Der Preiseffekt und der Mengeneffekt sind gleich groß. Der Umsatz verändert sich nicht, wenn der Preis verändert wird.
$1 < E_D < \infty$	„Elastische Nachfrage": Die Nachfrager reagieren mit der nachgefragten Menge überproportional auf eine Preisänderung. Der Preiseffekt ist kleiner als der Mengeneffekt; bei einer Preiserhöhung sinkt der Umsatz, bei einer Preissenkung steigt der Umsatz.
$E_D = \infty$	„Vollkommen elastische Nachfrage": Eine schon minimale Preiserhöhung lässt die Nachfrage auf null absinken. Eine schon minimale Preissenkung lässt die Nachfrage auf unendlich ansteigen.

Wert	Interpretation
Preiselastizität des Angebots:	$E_S = \dfrac{\text{Relative Änderung der angebotenen Menge von Gut A}}{\text{Relative Änderung des Preises von Gut A}}$
$E_S = 0$	„Vollkommen unelastisches Angebot": Die Anbieter lassen bei einer Preisänderung die angebotene Menge konstant.
$0 < E_S < 1$	„Unelastisches Angebot": Die Anbieter reagieren mit der angebotenen Menge unterproportional auf eine Preisänderung.
$E_S = 1$	„Isoelastisches Angebot": Die Anbieter reagieren mit der angebotenen Menge genau proportional auf eine Preisänderung.
$1 < E_S < \infty$	„Elastisches Angebot": Die Anbieter reagieren mit der angebotenen Menge überproportional auf eine Preisänderung.
$E_S = \infty$	„Vollkommen elastisches Angebot": Eine schon minimale Preissenkung lässt das Angebot auf null absinken. Eine schon minimale Preiserhöhung lässt das Angebot auf unendlich ansteigen.
Kreuzpreiselastizität der Nachfrage:	$E_C = \dfrac{\text{Relative Änderung der nachgefragten Menge von Gut B}}{\text{Relative Änderung des Preises von Gut A}}$
$E_C > 0$	„Substitutives Gut": Zwei Güter A und B können sich gegenseitig ersetzen. Wenn der Preis von Gut A steigt, steigt die Nachfrage von Gut B (weil die Nachfrage von Gut A gesunken ist).
$E_C < 0$	„Komplementäres Gut": Zwei Güter A und B sind komplementär, wenn sie gemeinsam nachgefragt werden. Wenn der Preis von Gut A steigt, sinkt die Nachfrage von Gut B (weil die Nachfrage von Gut A ebenfalls gesunken ist).
Einkommenselastizität der Nachfrage:	$E_I = \dfrac{\text{Relative Änderung der nachgefragten Menge von Gut A}}{\text{Relative Änderung des Einkommens}}$
$E_I < 0$	„Inferiores Gut": Mit steigendem Einkommen sinkt die nachgefragte Menge des Gutes. Mit sinkendem Einkommen steigt die nachgefragte Menge des Gutes.
$0 < E_I \leq 1$	„Normales Gut (Spezialfall: Gut des täglichen Bedarfs)": Mit steigendem Einkommen steigt auch die nachgefragte Menge, nicht aber überproportional. Mit sinkendem Einkommen sinkt auch die nachgefragte Menge, nicht aber überproportional.
$E_I > 1$	„Normales Gut (Spezialfall: Luxusgut)": Mit steigendem Einkommen steigt auch die nachgefragte Menge, allerdings überproportional. Mit sinkendem Einkommen sinkt auch die nachgefragte Menge, allerdings überproportional.

(d) Der Zeitungsmeldung kann entnommen werden, dass die Preiserhöhung bei Fertigsuppen zu einem Umsatzrückgang geführt hat.

Der Umsatz ist das Produkt aus Preis und Menge.

Zu einem Umsatzrückgang kommt es immer dann, wenn die Nachfrager mengenmäßig sehr intensiv auf eine Preiserhöhung reagieren. Der (umsatzmindernde)

Mengeneffekt dominiert dann gegenüber dem (umsatzsteigernden) Preiseffekt. Dies ist regelmäßig der Fall, wenn Preiserhöhungen bei Gütern mit elastischer Nachfrage vorgenommen werden. Relevant ist hier deshalb die Preiselastizität der Nachfrage.

(e) Wie Aufgabenteil (d) gezeigt hatte, kann ein Unternehmen bei Kenntnis der Preiselastizität der Nachfrage antizipieren, wie sich Preisänderungen auf den Umsatz auswirken werden. Analog liefern auch die anderen Elastizitäten sehr wichtige Informationen. Bei Kenntnis der Einkommenselastizität der Nachfrage kann beispielsweise abgeschätzt werden, ob ein Gut bei steigendem Einkommen stärker oder weniger stark nachgefragt wird. Mit der Kreuzpreiselastizität lassen sich Aussagen darüber treffen, ob zwei Güter im Wettbewerb stehen oder ob sie gemeinsam nachgefragt werden. Elastizitäten können ermittelt werden, indem die Nachfrager (bzw. die Anbieter) gefragt werden, wie sie auf eine Preisänderung (oder Einkommensänderung) reagieren. Hierzu muss Marktforschung betrieben werden.

3. Hinweise zur Lösung

Mithilfe des Elastizitätenkonzepts können Marktergebnisse sehr genau analysiert werden. Machen Sie sich für verschiedene von Ihnen benutzte Güter bewusst, in welchem Wertebereich die jeweiligen Elastizitäten wohl liegen könnten! Was bedeutet das jeweils für Sie als Konsument und für den Anbieter?

4. Literaturempfehlung

Goolsbee, Austan; Levitt, Steven; Syverson, Chad (2014): Mikroökonomik, Stuttgart 2014, S. 53–70.
Schumann, Jochen; Meyer, Ulrich; Ströbele, Wolfgang (2011): Grundzüge der mikroökonomischen Theorie, 9. Auflage, Berlin et. al. 2011, S. 73–77.

Aufgabe 37: Optimaler Konsumplan

Anwenden
Bearbeitungszeit: 10 Minuten

1. Aufgabenstellung

$U = Q_1^{0,4} \cdot Q_2^{0,6}$ beschreibt den Nutzen, den ein Haushalt aus den Gütern Q_1 und Q_2 zieht. Eine Einheit von Q_1 kostet 5 €, während Q_2 für 10 € pro Einheit zu haben ist. Der Haushalt verfügt über ein Einkommen in Höhe von 1.000 €.

(a) Welches Q_1-Q_2-Güterbündel konsumiert der Haushalt unter Einhaltung des ökonomischen Prinzips (maximaler Nutzen, volle Budgetausschöpfung)?

(b) Wie verändert sich das Q_1-Q_2-Güterbündel, wenn der Preis von Q_1 ebenfalls auf 10 € steigt?

2. Lösung

(a) $50 = Q_1$ und $75 = Q_2$
(b) $40 = Q_1$ und $60 = Q_2$

3. Hinweise zur Lösung

(a) Voraussetzung zur Ermittlung des nutzenmaximierenden Güterbündels ist die Gleichheit der Grenznutzen beider Güter. Es sind die partiellen Ableitungen der Nutzenfunktion nach Q_1 und Q_2 zu bilden und gleichzusetzen:

$$U_1' = 0{,}4 Q_1^{-0,6} Q_2^{0,6}$$
$$U_2' = 0{,}6 Q_2^{-0,4} Q_1^{0,4}$$

Es folgt:

$$Q_1 = \frac{2}{3} Q_2$$

Anschließend setzt man diese Optimalitätsbedingung in die Budgetbeschränkung ($1000 = 5Q_1 + 10Q_2$) ein und löst diese nach Q_2 auf. Man erhält die optimale Menge des Gutes $Q_2 = 75$. Dieser Q_2-Wert wird wiederum in die Budgetbeschränkung eingesetzt, um diese dann nach Q_1 aufzulösen ($Q_1 = 50$).

(b) Bitte folgen Sie den Lösungshinweisen zum Aufgabenteil (a). Bitte beachten Sie, dass sich die Budgetbeschränkung durch den gestiegenen Preis für $Q_1 = 10$ ändert. Sie lautet nun: $1000 = 10Q_1 + 10Q_2$.

4. Literaturempfehlung

Brunner, Sibylle; Kehrle, Karl (2014): Volkswirtschaftslehre, 3. Auflage, München 2014, S. 180–190.
Varian, Hal R. (2011): Grundzüge der Mikroökonomik, 8. Auflage, München 2011, S. 79–100.

Aufgabe 38: Konsumoptimum

Anwenden
Bearbeitungszeit: 10 Minuten

1. Aufgabenstellung

Der Preis grüner Gummienten P_g ist 10 €, während der Preis roter Gummienten P_r 5 € entspricht. Das Güterbündel ist so gewählt, dass der Grenznutzen der grünen Gummienten P_g 5 Nutzeneinheiten und der der roten Gummienten P_r 3 Nutzeneinheiten entspricht. Beschreibt das Güterbündel den optimalen Konsumplan? Bitte begründen Sie ökonomisch.

2. Lösung

Nein! Das Güterbündel beschreibt nicht den optimalen Konsumplan, da:

(a) die Grenzrate der Substitution nicht der Rate der Markttransformation (umgekehrtes Preisverhältnis) entspricht

oder

(b) der Grenznutzen des Geldes beim Konsum von grünen und roten Gummienten nicht gleich ist.

3. Hinweise zur Lösung

Hier ist keine explizite Nutzenfunktion angegeben. Daher kann man gleich die Optimalitätsbedingung anführen, die besagt, dass die Grenzrate der Substitution (das Verhältnis der Grenznutzen) der Rate der Markttransformation (umgekehrtes negatives Preisverhältnis) entsprechen muss. Diese Bedingung bedeutet, dass die Steigung der Indifferenzkurve der Steigung der Budgetgeraden entsprechen muss, das heißt die Indifferenzkurve tangiert die Budgetgerade also gerade. Ist dies erfüllt, so führt jede Reallokation der Güter zu einem niedrigen Nutzenniveau. Aus einer anderen Perspektive bedeutet die Optimalitätsbedingung, dass der Grenznutzen des Geldes (Grenznutzen-Preis-Verhältnis) der beiden Güter identisch ist.

4. Literaturempfehlung

Brunner, Sibylle; Kehrle, Karl (2014): Volkswirtschaftslehre, 3. Auflage, München 2014, S. 180–190.
Varian, Hal R. (2011): Grundzüge der Mikroökonomik, 8. Auflage, München 2011, S. 79–100.

Aufgabe 39: Work-Life-Balance (Indifferenzkurvenanalyse)

Verstehen, Anwenden
Bearbeitungszeit: 15 Minuten

1. Aufgabenstellung

Erklären Sie anhand des Verlaufs einer Indifferenzkurve, wie diese Sie bei Ihren zukünftigen Gehaltsverhandlungen unterstützen kann. Gehen Sie insbesondere auch auf die Begriffe Nutzenniveau, Indifferenz und Grenzrate der Substitution ein.

2. Lösung

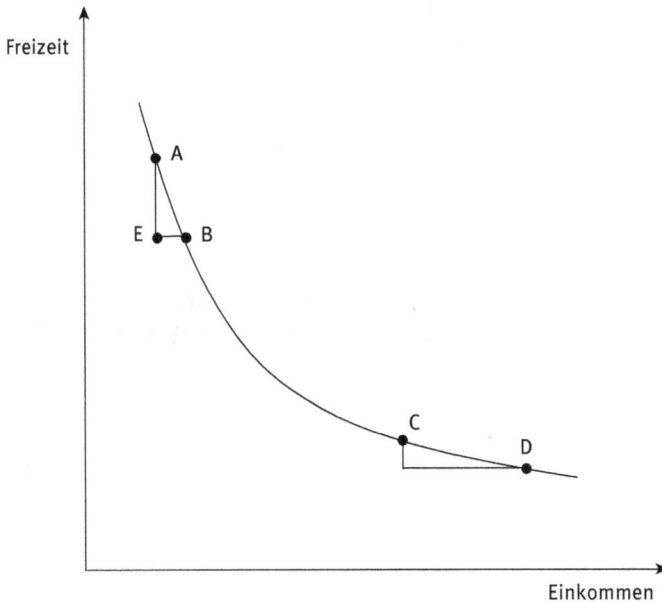

Die Abbildung zeigt den für die Fragestellung relevanten Trade-off zwischen den beiden Variablen Freizeit und Einkommen. Die Indifferenzkurve zeigt dabei alle Kombinationen der beiden Variablen, bei denen das Nutzenniveau für den Konsumenten gleich ist. Damit stellt er sich also nicht besser und auch nicht schlechter, wenn er zwischen den Punkten A, B, C oder D wechselt. Punkte oberhalb der Indifferenzkurve würden demnach ein höheres Nutzenniveau bedeuten, Sie würden sich also besser stellen. Punkte unterhalb der Kurve würden Ihr Nutzenniveau reduzieren.

Punkt A könnte beispielsweise eine Situation kennzeichnen, in der Sie gerade nach dem Studium Ihre erste Arbeitsstelle antreten. Sie verdienen vergleichsweise wenig Geld, stehen aber in der Eingewöhnungsphase noch nicht allzu sehr unter Druck und verlassen daher pünktlich um 16:30 das Büro. Sie haben daher relativ viel Freizeit. Nach einiger Zeit bekommen Sie zusätzliche Aufgaben übertragen, übernehmen Verantwortung oder gar Mitarbeiterführung. Sie verlassen das Büro selten vor 19 Uhr. In diesem Fall würde Ihnen der Arbeitgeber also Freizeit wegnehmen, und Sie würden von Punkt A nach Punkt E wandern. Nun kommt der Homo oeconomicus ins Spiel. Da Sie sich nun unterhalb der Indifferenzkurve befinden, würde Ihr Nutzenniveau sinken, und Sie würden sich gegenüber der ersten Situation schlechter stellen. Die rationale Antwort im Rahmen einer Verhandlung wäre die Forderung nach einem höheren Einkommen, das Sie zu Punkt B bringen würde. In dieser Situation wäre Ihr Nutzenniveau wieder das gleiche wie zuvor. Sie müssten nun länger arbeiten, bekämen aber dafür auch mehr Gehalt. Damit wird die Grenzrate der Substitution beschrieben: Sie beantwortet in diesem Fall die Frage, mit wie viel Zusatzverdienst Sie Ihr Arbeitgeber kompensieren müsste, um den Verlust einer Einheit an Freizeit auszugleichen. Eine ähnliche Situation würde im Fall einer Wanderung von Punkt C nach Punkt D entstehen, wenn Sie beispielsweise die Stelle eines Abteilungsleiters übernehmen sollten und sich Ihr Arbeitstag nochmals verlängert.

Die Abbildung suggeriert durch ihren konvexen Verlauf auch, warum es rational ist, bei zusätzlicher Arbeitsbelastung überproportional mehr Gehalt zu fordern. Der Grund liegt in dem Umstand, dass Freizeit umso bedeutender wird, je weniger Sie davon haben. Die Grenzrate der Substitution steigt somit von links oben nach rechts unten an. Für die Aufgabe einer Einheit an Freizeit müssen Sie mit immer mehr Geld kompensiert werden, um das gleiche Nutzenniveau zu erreichen. In Punkt A etwa haben Sie viel Freizeit, aber wenig Geld. Sie wären also bereit, relativ viel Freizeit aufzugeben, um eine Einheit mehr Geld zu bekommen. In Punkt C sieht die Situation allerdings anders aus. Sie haben sehr wenig Freizeit und ein vergleichsweise hohes Einkommen. In dieser Situation wäre die Grenzrate der Substitution hoch. Denn wenn Sie nun auf noch mehr Freizeit verzichten müssten, müsste man Sie auch mit deutlichen Gehaltszuschlägen kompensieren.

3. Hinweise zur Lösung

Die vorliegende Aufgabe bietet vor allem denjenigen Gegenwind, die immer behaupten, die Volkswirtschaftslehre würde nur auf theoretischen, abstrakten und für die Praxis kaum relevanten Modellen bestehen. Eine solche Analyse bietet eine gute Gelegenheit, die Denkweise eines Homo oeconomicus auf das praktische Berufsleben anzuwenden. Einige Studierende machen den Fehler und schlussfolgern, dass sich „Karriere machen nicht lohnt, weil ich auf viel Freizeit verzichten muss". Eine solche Schlussfolgerung ist natürlich grundlegend falsch. Denn es geht hier um das Verständnis eines ökonomischen Trade-offs zwischen Lohn und Einkommen und dem dazugehörigen Nutzenniveau. Die für die individuelle Situation wesentlichen Schlussfolgerungen muss jeder für sich selbst ziehen.

4. Literaturempfehlung

Mankiw, N. Gregory; Taylor, Mark P. (2012): Grundzüge der Volkswirtschaftslehre, 5. Auflage, Stuttgart 2012, S. 542–546.
Varian, Hal R. (2011): Grundzüge der Mikroökonomik, 8. Auflage, München 2011, Kapitel 3, S. 35–56.

Aufgabe 40: Wettbewerbstheorie

Verstehen
Bearbeitungszeit: 15 Minuten

1. Aufgabenstellung

Werfen Sie einen Blick auf die Unternehmenstheorie: Welche Kurven sind entscheidend (a) für die optimale Produktionsmenge und (b) für die Ermittlung des (Stück-) Gewinns? Zeichnen und erklären Sie bitte die grafischen Lösungen.

2. Lösung

(a)

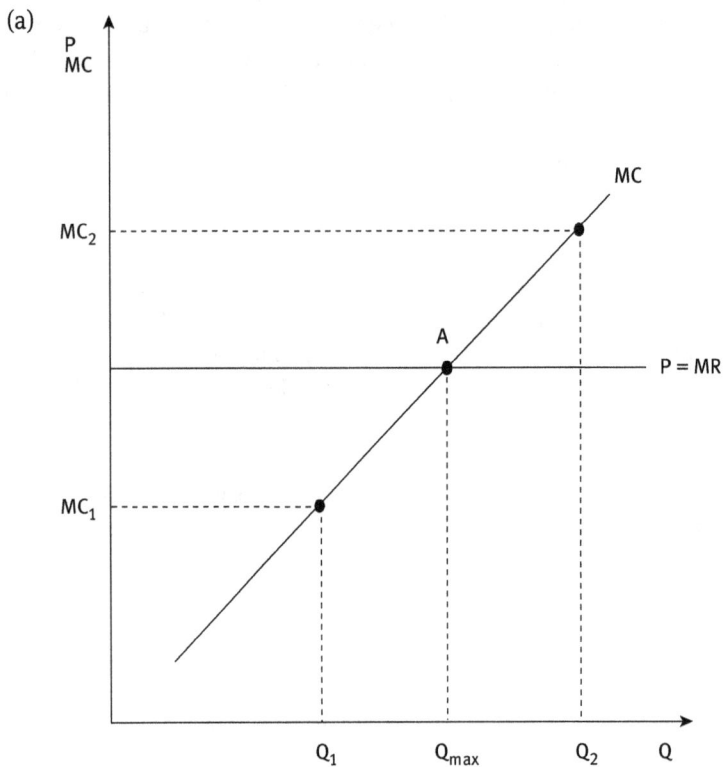

(b)

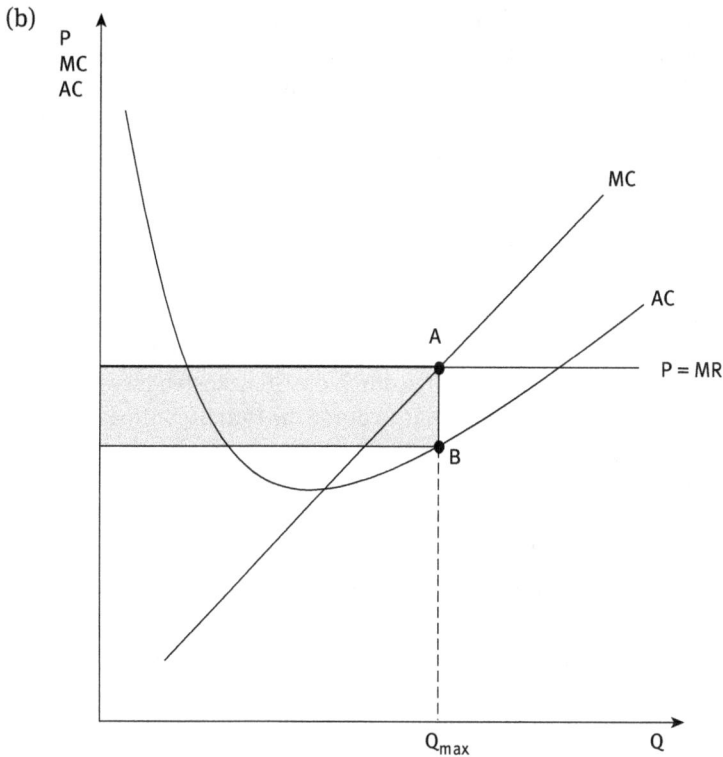

Abbildungen (a) und (b) zeigen die grafischen Lösungen eines Wettbewerbsmarktes (vollkommene Konkurrenz).

Die optimale Produktionsmenge ergibt sich für ein Unternehmen durch die Bedingung Preis = Grenzerlös (MR) = Grenzkosten (MC) und liegt in Punkt A. Die Grenzkosten bzw. die Grenzkostenkurve (MC) sind entscheidend für das Produktionsoptimum. Die zwei Situationen links und rechts von Punkt A zeigen, warum dies so sein muss. Würde ein Unternehmen links von Punkt A produzieren (Q_1), wären die Grenzkosten niedriger als der am Markt erzielbare Preis. Dies bedeutet: Falls das Unternehmen eine zusätzliche Einheit produzieren würde, wären die dadurch entstehenden zusätzlichen Kosten (für diese Einheit) niedriger als der Preis, der für dieses Produkt am Markt erzielt werden kann. Das Unternehmen wird also die Produktion um eine Einheit ausweiten. Bei einer Produktion rechts von Punkt A (Q_2) wären die Grenzkosten höher als der am Markt erzielbare Preis. Die Produktion einer zusätzlichen Einheit würde also mehr kosten als sie am Markt an Erlös einspielt, was zu Verlusten führt. In der Folge würde das Unternehmen die Produktion wieder senken, bis das Produktionsoptimum in Punkt A wieder erreicht ist.

Eine andere Frage ist, wie hoch der Stückgewinn bzw. der Gewinn insgesamt des Unternehmens ausfällt. Die Antwort auf diese Frage zeigt Abbildung (b). Entscheidend für die Ermittlung der Gewinnhöhe ist die Durchschnittskostenkurve (AC). Ausgehend vom optimalen Produktionspunkt A wird der Stückgewinn zunächst ermittelt als Differenz zwischen dem Verkaufspreis und den bei Q_{max} anfallenden Durchschnittskosten. Der Stückgewinn entspricht der Strecke AB. Der Gesamtgewinn ermittelt sich aus der Multiplikation des Stückgewinns mit der produzierten Menge (markierte Fläche).

3. Hinweise zur Lösung

Vielen ist der Unterschied zwischen der Grenzkostenkurve und der Durchschnittskostenkurve in der theoretischen Perspektive und deren praktischen Anwendung nicht klar. Während die optimale Produktionsmenge durch die Grenzkostenkurve ermittelt wird, ergibt sich der Gewinn eines Unternehmens durch die Durchschnittskostenkurve. Beide Kurvenverläufe werden damit zu zentralen Determinanten der Unternehmenstheorie. Auch praktische Diskussionen und Nachrichten wie „VW drückt auf die Kostenbremse" oder ähnliche Beispiele aus der Praxis lassen sich damit erklären. Stellen Sie sich eine Situation in Abbildung (b) vor, in der die Durchschnittskostenkurve oberhalb der Preislinie verläuft. In diesem Fall ergäbe sich für das Unternehmen also eine Verlustsituation: Der Stückgewinn wäre negativ und damit der Gesamtgewinn kleiner null. Stellen Sie sich also beispielsweise eine Situation vor, in der ein Unternehmen im ersten Quartal eines Jahres einen Gewinn erzielt, und dann im weiteren Verlauf des Jahres Gewerkschaften hohe Lohnforderungen durchsetzen und zudem die Rohstoffpreise stark ansteigen (sog. „Kostenschocks"). Eine solche Entwicklung würde natürlich auch die Durchschnittskostenkurve stark nach oben verschieben, und aus einer Gewinnsituation könnte eine Verlustsituation entstehen. Vor diesem Hintergrund ist die oben genannte Schlagzeile einer Zeitung verständlich. Das Unternehmen wird in solch einem Fall unter allen Umständen versuchen, die Durchschnittskostenkurve nach unten zu drücken, um wieder eine Gewinnmarge herbeizuführen.

4. Literaturempfehlung

Mankiw, N. Gregory; Taylor, Mark P. (2012): Grundzüge der Volkswirtschaftslehre, 5. Auflage, Stuttgart 2012, S. 353–363.
Varian, Hal R. (2011): Grundzüge der Mikroökonomik, 8. Auflage, München 2011, Kapitel 22, S. 441–460.

3 Makroökonomie

Aufgabe 41: Makroökonomische Grundmodelle

Wissen, Verstehen
Bearbeitungszeit: 20 Minuten

1. Aufgabenstellung

Bestimmen und erläutern Sie grundlegende makroökonomische Modellwelten.

(a) Was versteht man unter der gesamtwirtschaftlichen, aggregierten Angebotskurve
 (AS)-Kurve im makroökonomischen Grundmodell klassischer Art und wann hat
 sie einen aufwärtsgerichteten Verlauf und wann einen vertikalen (unelastischen)
 Verlauf?

(b) Mit welchem/n volkswirtschaftlichem/n Instrument(en) lässt sich die im makroökonomischen Grundmodell die gesamtwirtschaftliche aggregierte Nachfragekurve (AD)-Kurve nach rechts verschieben (klassisches Modell)?

(c) Stellen Sie im langfristigen gesamtwirtschaftlichen Modell der Klassiker dar (AS-
 und AD-Kurve), wie sich eine erfolgreiche technologische Innovation (Schum-
 peter Welle) angebotsseitig und später auch nachfrageseitig auswirkt.

(d) Welches sind die zentralen Unterschiede in den Modellwelten des Keynesianismus und des Monetarismus?

Klassisches Grundmodell

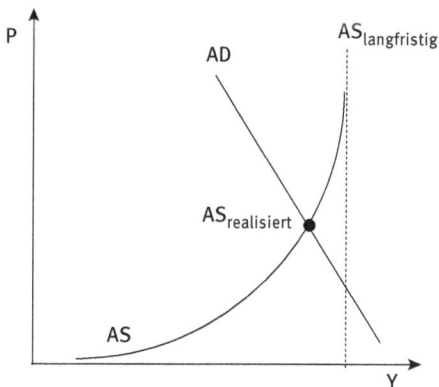

Keynesianisches Grundmodell

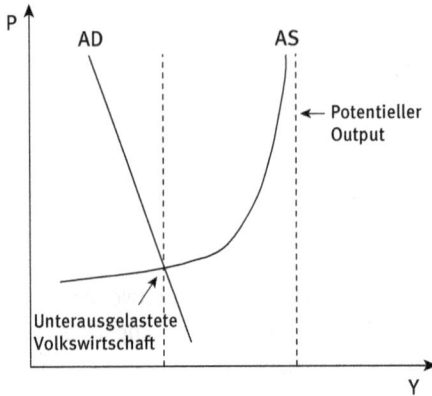

P
AD   AS

←— Potentieller
Output

Unterausgelastete
Volkswirtschaft

Y

Monetaristisches Grundmodell

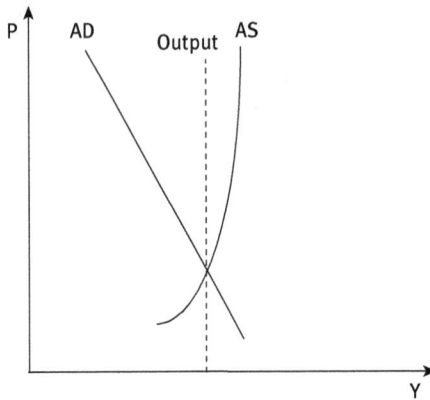

P   AD   Output   AS

Y

Quelle: Samuelson, Paul A.; Nordhaus, William D. (2005): Volkswirtschaftslehre; 17. Auflage, Landsberg am Lech 2005, S. 590–596, S. 903–906, S. 963–975; z. T. verändert, z. T. ergänzt

2. Lösung

(a) Die AS-Kurve dokumentiert das aggregierte Angebot (z. B. alle Unternehmen und Selbständige) in einer Volkswirtschaft. Die Angebotskurve des einzelnen Anbieters kann völlig unterschiedlich davon verlaufen. Ein aufsteigender Verlauf wird bei einer kurzfristigen Betrachtung angenommen, weil viele Kosten kurzfristig nicht veränderbar sind. Doch die Preise und Kosten (z. B. Löhne, Zinsen) kommen langfristig in Bewegung (z. B. durch mehr Wettbewerb), weshalb die langfristige AS-Kurve vertikal verläuft.

(b) Die Klassiker unterstellen die Wirksamkeit des sog. Sayischen Theorems, wonach langfristig betrachtet, sich jedes Angebot seine entsprechende Nachfrage schafft. Angenommen wird, dass durch die Güterproduktion in einer der Volkswirtschaft Einkünfte erwirtschaftet werden, welche in ihrer Höhe dem Preis der produzierten Güter entsprechen. Das führt dazu, dass sukzessive die gesamte volkswirtschaftliche Produktionsmenge abgesetzt wird, weil Einkommen entweder zum Erwerb von Gütern oder zum Sparen verwendet werden. Dieses verursacht eine Zunahme des Geldangebots in der Volkswirtschaft, was strukturell zu sinkenden Zinsen führt. Im Anschluss daran fragen die Unternehmen verstärkt Kredite zur Finanzierung von Investitionen nach. Nach und nach nähert sich die gesamte Nachfrage nach Konsum- und Investitionsgütern dem gesamten Angebot dieser Güter an; es entsteht ein volkswirtschaftliches Gleichgewicht bei Vollbeschäftigung.

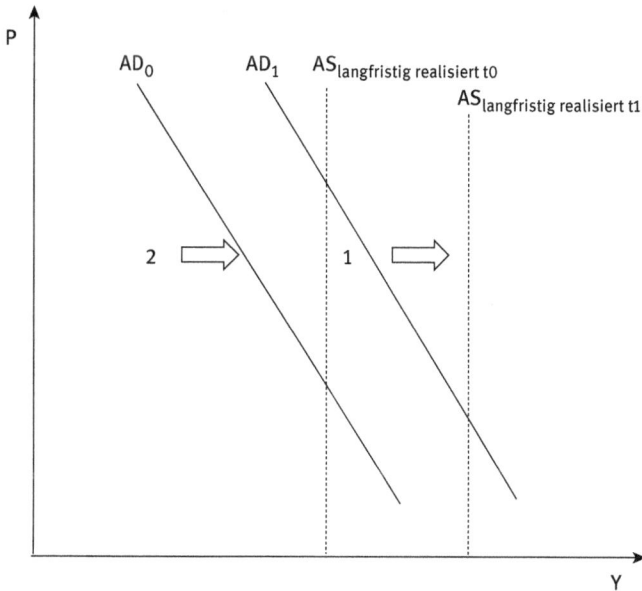

P
AD$_0$ AD$_1$ AS$_{langfristig\ realisiert\ t0}$

AS$_{langfristig\ realisiert\ t1}$

2 ⇨   1 ⇨

Y

(c) Während die klassische Theorie flexible Preise für Güter und Produktionsfaktoren unterstellt, betont das keynesianische Modell stärker die Notwendigkeit, die Nachfrageseite zu stärken, um die Volkswirtschaft in ein Gleichgewicht mit ausreichendem Beschäftigungsniveau zu bringen (Vollbeschäftigung). Dies gilt vor allem kurzfristig, um Konjunkturschwankungen in ihren Spitzen abzufangen. Schwerpunktmäßig soll dies durch die Kompensation nicht realisierter privater Nachfrage durch eine verstärkte staatliche Nachfrage passieren (Deficitspendig). Aber auch andere Größen können ursächlich die Nachfrage stimulieren, wie zum Beispiel Steuersenkungen, geldpolitische Maßnahmen der Zentralbank oder die Erweiterung von Absatzräumen (z. B. EU-Binnenmarkt-Erweiterung). Monetaristische Modelle gehen davon aus, dass hauptsächlich die quantitative Beeinflussung der Geldmenge zu einer Belebung der Produktion und der Preise führen kann, was sich wiederum auf die Nachfrage auswirkt. Der zweite Unterschied bezieht sich auf das Gesamtangebot, wobei in der keynesianischen Modellwelt angenommen wird, dass die AS-Kurve kurzfristig bei gebremster Produktion eher recht preisunelastisch verläuft. Die Monetaristen hingegen unterstellen Güterpreis- und Faktorpreisflexibilität, so dass kurzfristig die AS-Kurve fast preiselastisch verläuft.

3. Hinweise zur Lösung

Die makroökonomische Betrachtung von Volkswirtschaften analysiert die Gesamtheit der Staatsaktivitäten, die Aktivitäten der privaten Haushalte und die Aktivitäten des Unternehmensbereichs. Diese werden in Form von Aggregaten zusammengefasst und dokumentiert (gesamtwirtschaftliche Nachfrage oder gesamtwirtschaftliches Güterangebot). In den verschiedenen makroökonomischen Grundmodellen (Klassik, Keynesianismus, Monetarismus) werden unterschiedliche Grundannahmen, Erklärungsgegenstände und Zeithorizonte getroffen bezüglich des Verhaltens der Nachfrage und Anbieter.

4. Literaturempfehlung

Samuelson, Paul A.; Nordhaus, William D. (2005): Volkswirtschaftslehre; 18. Auflage, Landsberg am Lech 2005, S. 590–596, S. 903–906, S. 963–975.
Mankiw, Gregory N. (2011): Makroökonomik – Mit vielen Fallstudien; 6. Auflage, Stuttgart 2011, S. 520–536.

Aufgabe 42: Konsum und Sparen

Taxonomiestufe einfach
Bearbeitungszeit: 10 Minuten

1. Aufgabenstellung

Gegeben ist eine keynesianische Konsumfunktion: $C(Y) = 100 + cY$. Die Konsumquote beträgt $c = 0,6$. Bitte leiten Sie die Sparfunktion ab.

2. Lösung

Die Sparfunktion lautet: $S(Y) = 0,4Y - 100$

3. Hinweise zur Lösung

Das Einkommen Y kann entweder gespart oder konsumiert werden. Es gilt folglich $Y = S + C$. Diese Gleichung ist nun nach S aufzulösen. Im vorliegenden Beispiel folgt:

$$Y = S + 100 + 0{,}6Y$$
$$Y - 0{,}6Y = S + 100$$
$$0{,}4Y = S + 100$$
$$S = 0{,}4Y - 100$$

4. Literaturempfehlung

Brunner, Sibylle; Kehrle, Karl (2014): Volkswirtschaftslehre, 3. Auflage, München 2014, S. 513–515.

Aufgabe 43: Investitions- und Spartätigkeit

Wissen, Verstehen, Transfer
Bearbeitungszeit: 20 Minuten

---

1. Aufgabenstellung

In einer geschlossenen Volkswirtschaft ohne Staat gelten die Identitäten
    (i) $Y = C + I$ und (ii) $Y = C + S$. Daraus lässt sich die Identität (iii) $I = S$ herleiten.
(a) Erklären Sie, was eine Identität ist. Erläutern Sie, wie man die Identitäten
    (i) $Y = C + I$ und
    (ii) $Y = C + S$
    erklären kann.
(b) Interpretieren Sie die Identität (iii) $I = S$!
(c) Gehen Sie nun davon aus, dass eine offene Volkswirtschaft mit Staat betrachtet wird. Geben Sie an, welche Identitäten (i), (ii) und (iii) analog zu der geschlossenen Volkswirtschaft ohne Staat in dieser komplexeren Volkswirtschaft gelten.
(d) Besonders interessant ist die in Aufgabenteil (c) hergeleitete Identität (iii). Welche Bedeutung hat diese? Liefern Sie eine Interpretation und prüfen Sie, ob diese Identität in der Realität tatsächlich gilt, indem Sie beispielhaft die diesbezügliche Situation zunächst in Deutschland und anschließend in den USA in den Fokus nehmen!

(C = Konsum, I = Investitionen, S = Ersparnis der privaten Haushalte, G = Staatskäufe, TR = Transferzahlungen des Staates an Haushalte, TA = Steuereinnahmen des Staates und NX = Nettoexporte)

2. Lösung

(a) „Identitäten sind Aussagen, die *immer* wahr sind, da sie direkt durch Definitionen von Variablen oder buchhalterischen Beziehungen impliziert werden" (Dornbusch, Rüdiger; Fischer, Stanley (1995): Makroökonomik, 6. Auflage, München 1995, S. 49).
Die Identität $Y = C + I$ ist die sogenannte Einkommensentstehungsgleichung. Das inländische Einkommen ist danach die Summe aus Konsum der Haushalte und Investitionen der Unternehmen. Die Identität $Y = C + S$ ist die sogenannte Einkommensverwendungsgleichung. Das inländische Einkommen wird also vollständig verwendet für den Konsum der Haushalte sowie für die Ersparnis der Haushalte. Beide Identitäten ergeben sich unmittelbar aus dem einfachen Wirtschaftskreislauf zwischen Haushalten und Unternehmen.

(b) Die sogenannte Ex-post Identität $I = S$ ergibt sich durch Gleichsetzen der Einkommensentstehungsgleichung mit der Einkommensverwendungsgleichung. In einer geschlossenen Volkswirtschaft müssen also Investitionen und Sparen immer übereinstimmen. Anders ausgedrückt, der Aufbau eines Kapitalstocks in einer Volkswirtschaft setzt Ersparnisbildung voraus.

(c) Die Einkommensentstehungsgleichung lautet:

$$Y = C + I + G + NX$$

Die Einkommensverwendungsgleichung lautet:

$$Y - TA + TR = C + S \quad \text{(mit } Y - TA + TR: \text{ verfügbares Einkommen)}$$

oder aufgelöst nach Y:
$$Y = C + S + TA - TR$$

Durch Gleichsetzen der Einkommensentstehungsgleichung und der Einkommensverwendungsgleichung folgt als Ex-post Identität:

$$I = S + (TA - G - TR) + (-NX)$$

mit $TA - G - TR$: Budgetüberschuss des Staates
$-NX$: Leistungsbilanzdefizit

(d) Die inländischen Investitionen in einer offenen Volkswirtschaft mit Staat müssen der Summe aus Ersparnis der inländischen Haushalte, Budgetüberschuss des Staates und Leistungsbilanzdefizit (= Importüberschuss) sein. Falls also beispielsweise im Inland mehr gespart als investiert wird, folgt daraus – unter der Voraussetzung eines ausgeglichenen Budgets des Staates – ein Leistungsbilanzüberschuss (= Exportüberschuss) des betreffenden Landes.

<u>Situation Deutschland:</u>
Ausgeglichenes Budget des Staates: $TA - G - TR = 0$

Leistungsbilanzüberschuss: NX > 0

Daraus folgt: $S > I$.

Situation USA:

Budgetdefizit des Staates: TA – G – TR < 0

Leistungsbilanzdefizit: NX < 0

Aus diesem doppelten Defizit folgt: $S < I$.

3. Hinweise zur Lösung

Beim Aufgabenteil (c) könnte zur Reduktion der Komplexität und zum besseren Verständnis zunächst eine geschlossene Volkswirtschaft mit Staat betrachtet werden. Daran anschließend kann das Modell – wie im Aufgabenteil (c) gefordert – um das Ausland erweitert werden.

4. Literaturempfehlung

Dornbusch, Rüdiger; Fischer, Stanley; Startz, Richard (2003): Makroökonomik, 8. Auflage, München 2003, S. 35–38.

Aufgabe 44: Investitionselastizitäten

Taxonomiestufe schwer
Bearbeitungszeit: 20 Minuten

1. Aufgabenstellung

Die Investitionen in einer Volkswirtschaft werden in Abhängigkeit des Zinses durch die Funktion $I = 200 - 100i$ beschrieben. Berechnen Sie die Elastizität der Investitionen für einen Zins von 5 % ($i = 0,05$).

2. Lösung

$$\varepsilon \approx -0,026$$

3. Lösungshinweise

Die Elastizität der Investitionen ermittelt man, indem man die Ableitung der Funktion nach dem Zins bildet, mit dem Zins multipliziert und anschließend durch die Funktion selbst teilt.

$$\varepsilon = -\frac{100i}{200 - 100i}$$

Anschließend ermittelt man den Funktionswert an der gefragten Stelle $i = 0,05$:

$$\varepsilon = -\frac{100 \cdot 0,05}{200 - 100 \cdot 0,05} = -\frac{5}{195} \approx -0,026$$

Steigt der Zins um 1 % (nicht um einen Prozentpunkt), dann gehen die Investitionen um etwa 0,026 % zurück.

4. Literaturempfehlung

Brunner, Sibylle; Kehrle, Karl (2014): Volkswirtschaftslehre, 3. Auflage, München 2014, S. 530–532.

Aufgabe 45: Gütermarktgleichgewicht

Taxonomiestufe mittelschwierig
Bearbeitungszeit: 15 Minuten

1. Aufgabenstellung

Bitte leiten Sie graphisch, in einem Vier-Felder-Schema, die Gleichgewichtskurve auf einen Gütermarkt her.

2. Lösung

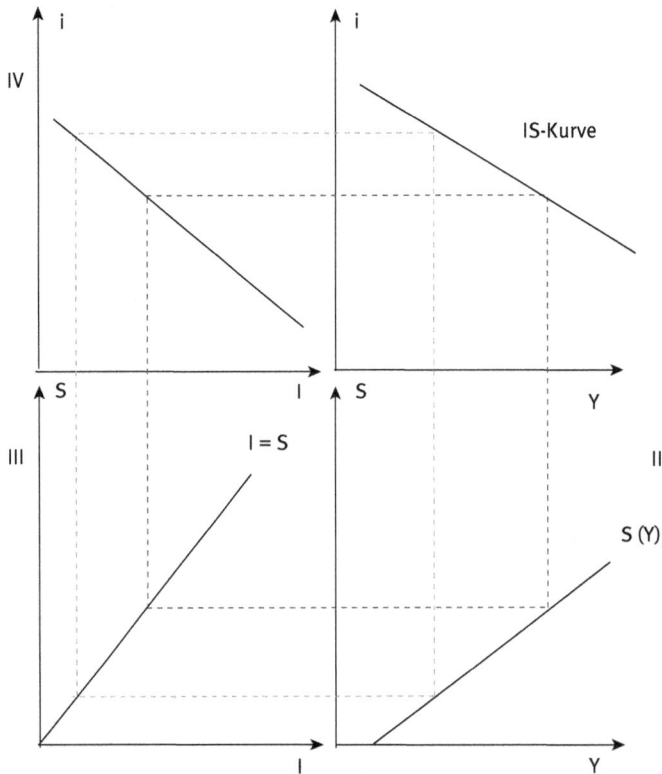

3. Hinweise zur Lösung

Die Gütermarktgleichgewichte für alternative Zins-Volkseinkommens-Kombinationen werden durch die *IS*-Kurve im I. Quadranten beschrieben. Der Graph im II. Quadranten steht für eine keynsianische Sparfunktion. Die Gleichgewichtsbedingung $I = S$ ist im III. Quadranten abgebildet. Die zinsabhängigen Investitionen sind im IV. Quadranten dargestellt. Man gelangt zu der *IS*-Kurve, indem man, ausgehend von einem Einkommen Y im II. Quadranten, das korrespondierende gesamtwirtschaftliche Sparvolumen betrachtet und von diesem Wert eine Linie nach links zur Gleichgewichtsbedingung im III. Quadranten zieht (gestrichelte Linie). Im Schnittpunkt der gestrichelten Linie mit der Gleichgewichtsbedingung erhält man die gleichgewichtige gesamtwirtschaftliche Investitionssumme. Geht man von diesem Punkt mit der gestrichelte Linie senkrecht nach oben bis zum Graph im IV. Quadranten, so findet man den gleichgewichtigen Zins. Weiter von dort nach rechts in den ersten Quadranten. Geht man von dem eingangs gesetzten Einkommen Y im II. Quadranten senkrecht nach oben, so ergibt der Schnittpunkt der beiden gestrichelten Linien eine für den Gütermarkt gleichgewichtige Zins-Einkommens-Kombination. Vollzieht man diese graphische Herleitung für alle denkbaren Einkommen (hier einmal exemplarisch durch die gestrichelte Linie gezeigt), so erhält man den geometrischen Ort alternativer Zins-Einkommens-Kombinationen, der den Gütermarkt ins Gleichgewicht bringt.

4. Literaturempfehlung

Brunner, Sibylle; Kehrle, Karl (2014): Volkswirtschaftslehre, 3. Auflage, München 2014, S. 557–560.

Aufgabe 46: Geldmarktgleichgewicht

Taxonomiestufe mittelschwierig
Bearbeitungszeit: 15 Minuten

1. Aufgabenstellung

Die Geldnachfrage in einer Volkswirtschaft wird durch $L = Y(0,3 - i)$ beschrieben. Das Einkommen der Volkswirtschaft beträgt $Y = 400$. Y beschreibt gleichzeitig das nominale Einkommen, da für das Preisniveau $P = 1$ gilt.
(a) Welcher Zins ergibt sich für ein Geldangebot in Höhe von $M = 100$?
(b) Um die Wirtschaft wieder in Schwung zu bringen, strebt die Zentralbank ein Zinsniveau von $2\% (= 0,02)$ an. Welche Geldmenge M korrespondiert mit diesem Ziel?
(c) Ziel der Zentralbank ist es, das Preisniveau stabil zu halten. Um inflationären Tendenzen vorzubeugen, beschließt die Zentralbank eine restriktivere Geldpolitik und verringert die in Aufgabenteil (b) ausgeweitete Geldmenge nun um 30 Geldeinheiten. Welche Auswirkungen hat dies auf das Zinsniveau?

2. Lösung

(a) $I = 0,05 = 5\,\%$

(b) $M = 112$

(c) Das Zinsniveau steigt von 2 % (= 0,02) auf 9,5 % (= 0,095).

3. Hinweise zur Lösung

(a) Im Geldmarktgleichgewicht entspricht das Angebot (M) der Nachfrage (L). Es gilt $M = L$. Für ein Volkseinkommen von 400 ergibt sich nach Auflösen der Gleichung ein Zinsniveau von $i = 0,05 = 5\,\%$.

(b) Ausgangspunkt ist hier wieder das Geldmarktgleichgewicht $M = L$. Zur Ermittlung der korrespondierenden Geldmenge wird nun der Zielzinssatz und das Volkseinkommen in die Gleichgewichtsbedingung eingesetzt und diese dann nach M aufgelöst. Es resultiert eine gleichgewichtige Geldmenge von $M = 112$ Einheiten.

(c) Ausgangspunkt ist hier wieder das Geldmarktgleichgewicht $M = L$. Eine Kontraktion der Geldmenge um 30 Einheiten führt ausgehend von der in Aufgabenteil (b) erhöhten Geldmenge zu einem Geldangebot von 82. Setzt man diesen Wert in die Gleichgewichtsbedingung ein und löst diese dann nach dem Zinsniveau auf, so ergibt sich ein gleichgewichtiger Zins von $i = 0,095 = 9,5\,\%$.

4. Literaturempfehlung

Brunner, Sibylle; Kehrle, Karl (2014): Volkswirtschaftslehre, 3. Auflage, München 2014, S. 607–614.

Aufgabe 47: *IS-LM*-Modell

Anwenden
Bearbeitungszeit: 35 Minuten

1. Aufgabenstellung

Betrachten Sie das folgende *IS-LM*-Modell:

$$C = 220 + 0,8YD$$
$$I = 400 - 40i$$
$$G = 600$$
$$TA = 60$$
$$TR = 10$$
$$L = 0,5Y - 375i$$
$$M/P = 2.000$$

mit C = Konsum, I = Investitionen, G = Staatskäufe, TA = Steuereinnahmen des Staates, TR = Transferzahlungen des Staates an Haushalte, L = Geldnachfrage, M = Geldangebot (nominal), P = Preisniveau, Y = Einkommen, YD = verfügbares Einkommen, i = Zins.

(a) Rechnen Sie den Multiplikator α für den Gütermarkt aus! Was sagt der Multiplikator aus?

(b) Berechnen Sie die Gleichung für die *IS*-Kurve! Was veranschaulicht die *IS*-Kurve?

(c) Berechnen Sie die Gleichung für die *LM*-Kurve! Was veranschaulicht die *LM*-Kurve?

(d) Berechnen Sie die Werte für Y und i, bei denen Güter- und Geldmarkt simultan im Gleichgewicht sind!

(e) Die Staatskäufe G erhöhen sich auf 695. Wie lauten die neuen Gleichgewichtsniveaus von i und Y! Zeichnen Sie ein *IS-LM*-Diagramm mit dem alten Gleichgewicht und dem neuen Gleichgewicht! Wie lässt sich der Anpassungsprozess hin zum neuen Gleichgewicht durch eine Wirkungskette beschreiben? Gehen Sie darauf ein, weshalb die Veränderung vom gleichgewichtigen Einkommen nicht gleich dem Produkt aus Veränderung der Staatskäufe und dem in Aufgabenteil (a) berechneten Multiplikator ist!

(f) Die Geldnachfragefunktion lautet jetzt abweichend $L = 2750 - 375i$, ist also unabhängig von Y. Alle anderen Gleichungen sind unverändert. Wie wirkt sich die Erhöhung der Staatskäufe G von 600 auf 695 in dieser neuen Konstellation auf das Gleichgewicht aus? Fertigen Sie eine Zeichnung mit dem alten und dem neuen Gleichgewicht an! Wo sehen Sie Unterschiede beim Anpassungsprozess zwischen den Aufgabenteilen (e) und (f)?

2. Lösung

(a) $\alpha = \frac{1}{1-c}$ mit c = marginale Konsumneigung.

Die marginale Konsumneigung kann aus der Konsumfunktion übernommen werden und beträgt $c = 0,8$.

Daraus folgt also $\alpha = \frac{1}{1-0,8} = 5$

Der Multiplikator gibt an, um wie viel ein Anstieg der autonomen Ausgaben um eine Einheit das Einkommen erhöht (ohne Berücksichtigung des Geldmarktes). Im hier vorliegenden Fall wird ein Anstieg der autonomen Ausgaben um eine Einheit zu einer Steigerung des gleichgewichtigen Einkommens um fünf Geldeinheiten führen.

(b) Zunächst ist die aggregierte Nachfrage AD zu ermitteln:

$$AD = C + I + G$$
$$AD = 220 + 0,8YD + 400 - 40i + 600$$

dabei gilt: $YD = Y - TA + TR$

$$AD = 220 + 0,8(Y - 60 + 10) + 400 - 40i + 600$$
$$AD = 1.180 + 0,8Y - 40i$$

Annahmegemäß gilt für die Angebotsseite:

$$Y = AD$$

Es wird nun die ermittelte AD-Funktion eingesetzt und im nächsten Schritt nach Y aufgelöst:

$$Y = 1.180 + 0,8Y - 40i$$
$$Y = 5.900 - 200i$$

Dies ist die Gleichung für die *IS*-Funktion. Die *IS*-Funktion gibt alle Kombinationen von i und Y an, bei denen der Gütermarkt im Gleichgewicht ist.

(c) Geldangebot und Geldnachfrage sind zunächst gleichzusetzen; anschließend wird nach Y aufgelöst:

$$2.000 = 0,5Y - 375i$$
$$Y = 4.000 + 750i$$

Dies ist die Gleichung für die *LM*-Funktion. Die *LM*-Funktion gibt alle Kombinationen von i und Y an, bei denen der Geldmarkt im Gleichgewicht ist.

(d) Das simultane Gleichgewicht auf Güter- und Geldmarkt wird berechnet, indem *IS*-Funktion und *LM*-Funktion gleichgesetzt werden:

$$5.900 - 200i = 4.000 + 750i$$
$$i^* = 2$$

Dies ist der gleichgewichtige Zins i^*; zur Ermittlung des gleichgewichtigen Einkommens Y^* ist der gleichgewichtige Zins i^* entweder in die *IS*-Funktion oder in die *LM*-Funktion einzusetzen. Dann ergibt sich:

$$Y^* = 5.500$$

(e) Durch die Erhöhung der Staatskäufe verändert sich die *IS*-Funktion. Analog zur Vorgehensweise in Aufgabenteil (b) ist die neue *IS*-Funktion zu berechnen:

$$AD = C + I + G$$
$$AD = 220 + 0,8YD + 400 - 40i + 695$$
$$AD = 220 + 0,8(Y - 60 + 10) + 400 - 40i + 695$$
$$AD = 1275 + 0,8Y - 40i$$
$$Y = 1275 + 0,8Y - 40i$$
$$Y = 6375 - 200i$$

Dies ist die Gleichung für die neue *IS*-Funktion.

Die *LM*-Funktion bleibt unverändert. Das neue simultane Gleichgewicht auf Güter- und Geldmarkt wird durch Gleichsetzen von *IS*-Funktion und *LM*-Funktion ermittelt und liegt bei:

$$i^{**} = 2{,}5$$
$$Y^{**} = 5.875$$

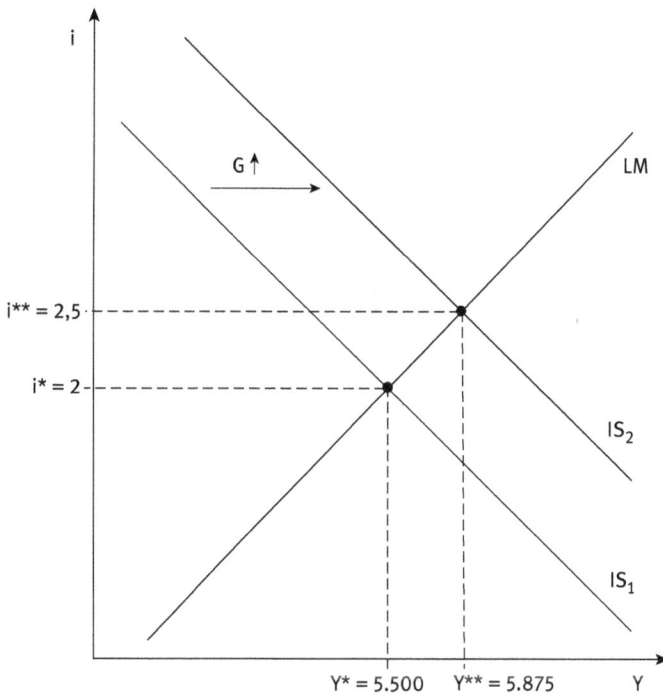

Die Wirkungskette für den Anpassungsprozess kann wie folgt dargestellt werden:

$$G \uparrow \Rightarrow \text{AD} \uparrow \Rightarrow Y \uparrow \Rightarrow i \uparrow \Rightarrow I \downarrow \Rightarrow \text{AD} \downarrow \Rightarrow Y \downarrow$$

Es erfolgt eine Verdrängung der Investitionen durch die erhöhten Staatskäufe. Das erste Ansteigen von *Y* in der Wirkungskette überwiegt das spätere Absinken von *Y*.

Das gleichgewichtige Einkommen hat sich durch die Erhöhung der Staatskäufe um 375 erhöht; dies ist weniger als das Produkt aus dem in Aufgabenteil (a) ermittelten Multiplikator und des Änderungsbetrags der Staatskäufe. Dies liegt daran, dass die Berechnung des neuen Gleichgewichts unter Einbezug des Geldmarktes erfolgte; dort kam es zu einem zinsinduzierten Verdrängungseffekt der Investitionen durch die Erhöhung der Staatskäufe. Der Multiplikator auf dem Gütermarkt klammert jedoch die Wirkungen auf dem Geldmarkt aus. Dies führt in diesem Fall dazu, dass das Produkt aus Multiplikator und des Änderungsbetrags der Staatskäufe größer ist als die Veränderung des gleichgewichtigen Einkommens durch die Erhöhung der Staatskäufe.

(f) Vor Änderung der Staatskäufe lautet die *IS*-Funktion (vgl. Aufgabenteil (b)):

$$Y = 5.900 - 200i$$

Die neue *LM*-Funktion wird in Analogie zu Aufgabenteil (c) durch Gleichsetzung von Geldangebot und Geldnachfrage ermittelt:

$$2.000 = 2750 - 375i$$
$$i = 2$$

Die *LM*-Funktion ist also eine Horizontale.

Das Gleichgewicht vor Änderung der Staatskäufe liegt also bei:

$$i^* = 2$$
$$Y^* = 5.500$$

Nach Änderung der Staatskäufe lautet die *IS*-Funktion (vgl. Aufgabenteil (e)):

$$Y = 6.375 - 200i$$

Die *LM*-Funktion verläuft unverändert horizontal und lautet:

$$i = 2$$

Das Gleichgewicht nach Änderung der Staatskäufe liegt also bei:

$$i^{**} = 2$$
$$Y^{**} = 5.975$$

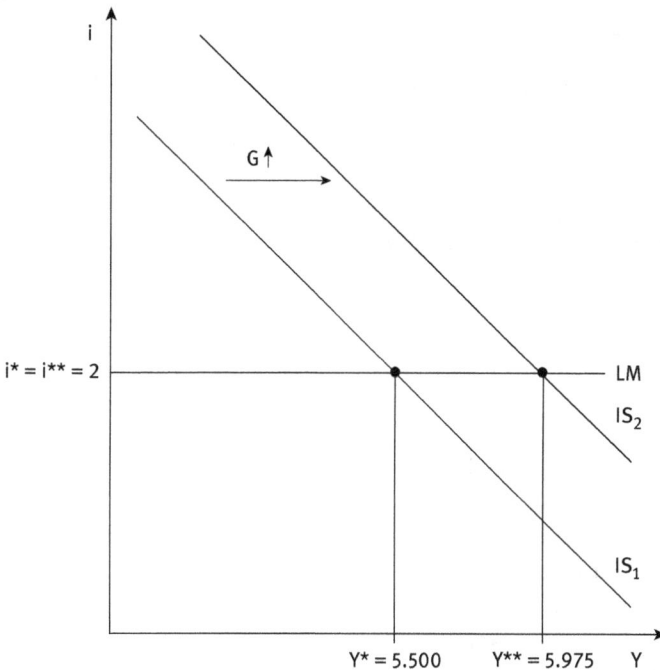

Im Unterschied zum Aufgabenteil (e) gilt nun folgende Wirkungskette für den Anpassungsprozess:

$$G \uparrow \Rightarrow AD \uparrow \Rightarrow Y \uparrow$$

Weil die *LM*-Kurve horizontal verläuft, ergeben sich durch die Erhöhung der Staatskäufe keinerlei Wirkungen auf den Geldmarkt; eine Verdrängung von Investitionen findet nicht statt.

Das gleichgewichtige Einkommen hat sich durch die Erhöhung der Staatskäufe um 475 erhöht; dies ist genauso groß wie das Produkt aus dem in Aufgabenteil (a) ermittelten Multiplikator und des Änderungsbetrags der Staatskäufe. Verglichen mit Aufgabenteil (e) ist die Wirkung der Änderung der Staatskäufe auf das gleichgewichtige Einkommen größer, weil es keine Dämpfung des Effekts über den Geldmarkt gibt.

3. Hinweise zur Lösung

Machen Sie sich für die Aufgabenteile (d), (e) und (f) noch einmal bewusst, dass Güter- und Geldmarkt voneinander abhängig sind! Auf dem Geldmarkt wird der Zinssatz *i* bestimmt, und dieser hat über die Investitionen Einfluss auf den Gütermarkt. Auf dem Gütermarkt wird das Einkommen *Y* bestimmt, und dieses hat über die Transaktionskasse Einfluss auf den Geldmarkt. Wenn sich auf einem der beiden Märkte eine exogene Größe verändert, wird ein Anpassungsprozess in Gang gesetzt, der letztlich beide Märkte berührt.

4. Literaturempfehlung

Dornbusch, Rüdiger; Fischer, Stanley; Startz, Richard (2003): Makroökonomik, 8. Auflage, München 2003, S. 249–335.
Mankiw, N. Gregory (2011): Makroökonomik, 6. Auflage, Stuttgart 2011, S. 365–429.

Aufgabe 48: Staatsverschuldung im *IS-LM*-Modell

Anwenden
Bearbeitungszeit: 40 Minuten

1. Aufgabenstellung

Einige Ökonomen sind in der europäischen Staatsschuldenkrise der Ansicht gewesen, das griechische Haushaltsdefizit hätte sich durch expansive Fiskalpolitik in Gestalt einer Erhöhung der Staatskäufe eindämmen lassen, weil die Wirtschaft nur so auf einen Expansionspfad gelenkt würde. Die höheren Staatskäufe würden nach ihrer Ansicht durch das höhere Wachstum finanziert werden. Eine andere Gruppe von Volkswirten, die sich schließlich durchsetzen konnte, sprach sich für eine strenge Haushaltsdisziplin (sog. Austeritätspolitik) aus, um die ausufernde Staatsverschuldung in Griechenland in den Griff zu bekommen.

(a) Verwenden Sie die Annahmen des *IS-LM*-Modells unter Einbeziehung einer proportionalen Einkommensteuer und konstanter Transferausgaben des Staates, um rechnerisch zu ermitteln, welchen Effekt steigende Staatskäufe auf den Staatshaushalt haben.

(b) Recherchieren Sie, wie sich seit dem Jahr 2000 in Griechenland das BIP, das jährliche Haushaltsdefizit (relativ zum BIP) und der Schuldenstand (relativ zum BIP) entwickelt haben! Wie sah die Situation in anderen Ländern in Europa, in den USA und in Japan aus?

(c) Wie erklären Sie sich, dass Japan im Vergleich zu Griechenland trotz eines deutlich höheren Schuldenstandes (relativ zum BIP) viel weniger Probleme hatte, Käufer für seine Staatsanleihen zu finden?

2. Lösung

(a) Das Budget des Staates wird beschrieben durch folgende Gleichung:

$$\text{TA} = tY$$
$$\text{BS} = \text{TA} - G - \text{TR} \quad \text{mit} \quad G = \bar{G}$$
$$\text{TR} = \overline{\text{TR}}$$

(BS = Budgetüberschuss; TA = Steuereinnahmen des Staates; t = Steuersatz; Y = Einkommen; G = Staatskäufe; TR = Transferzahlungen des Staates; autonome Größen sind mit einem Querstrich über dem Buchstaben markiert)

Wenn G steigt, steigt Y (durch den Multiplikationsprozess um ein Vielfaches), und in der Folge steigt auch TA. Auf den ersten Blick kann nicht erkannt werden, ob die Änderung von G größer ist als die Änderung von TA. Aus diesem Grund ist die Änderung des Budgets des Staates rechnerisch zu ermitteln.

Im ersten Schritt wird berechnet, um wie viel Y ansteigt, wenn G erhöht wird. Die Gleichung für das Gleichgewichtseinkommen lautet:

$$Y = \frac{1}{1 - c(1 - t)}\bar{A} \quad \text{mit } \bar{A} = \bar{C} + c\overline{TR} + \bar{I} + \bar{G} + \overline{NX}$$

Daraus folgt bei einer Änderung von G um ΔG:

$$\Delta Y = \frac{1}{1 - c(1 - t)}\Delta G$$

Im zweiten Schritt wird berechnet, um wie viel TA steigt, wenn G erhöht wird. Es gilt:

$$TA = tY$$

Daraus folgt bei einer Änderung von Y um ΔY

$$\Delta TA = t\Delta Y$$

Für ΔY kann nun das Resultat aus dem ersten Schritt eingesetzt werden:

$$\Delta TA = t\frac{1}{1 - c(1 - t)}\Delta G$$

Im dritten Schritt wird berechnet, ob BS steigt oder sinkt, wenn G erhöht wird. Es gilt:

$$BS = TA - G - TR$$

Daraus folgt bei einer Änderung von G um ΔG (bei $\Delta TR = 0$):

$$\Delta BS = \Delta TA - \Delta G$$

Für ΔTA kann nun das Resultat aus dem zweiten Schritt eingesetzt werden:

$$\Delta BS = t\frac{1}{1 - c(1 - t)}\Delta G - \Delta G$$
$$\Delta BS = \left(t\frac{1}{1 - c(1 - t)} - 1\right)\Delta G$$
$$\Delta BS = \frac{-(1 - c)(1 - t)}{1 - c(1 - t)}\Delta G$$

Der Zähler des Bruchs auf der rechten Seite der Gleichung ist negativ, der Nenner auf der rechten Seite des Bruchs ist positiv. Zwischen ΔG und ΔBS besteht also ein inverser Zusammenhang. Wenn G ansteigt, wird sich das Budget des Staates verschlechtern. Es ist deshalb – zumindest unter den Annahmen des hier verwendeten *IS-LM*-Modells – nicht zu erwarten, dass die Verschuldung des Staates durch Erhöhung der Staatskäufe verringert werden kann.

(b) Tabelle siehe nächste Seite.

(c) Die Kreditwürdigkeit eines Landes ist nicht nur vom Schuldenstand abhängig. Auch andere Indikatoren spielen hierfür eine Rolle. So weist Japan beispielsweise ein höheres Wirtschaftswachstum als Griechenland auf und der Anteil der Zinszahlungen am BIP ist in Japan geringer als in Griechenland. Die Leistungsbilanz Japans weist einen Überschuss auf, während die griechische Leistungsbilanz defizitär ist. Dies könnte Gläubiger davon überzeugt haben, dass Japan eher als Griechenland in der Lage ist, den Kapitaldienst für seine Schulden zuverlässig zu leisten. Es dürfte auch eine Rolle spielen, dass die Gläubiger des japanischen Staates im Wesentlichen Inländer sind, wohingegen die Gläubiger des griechischen Staates vorrangig Ausländer sind. Wenn die Gläubiger der Schulden eines Landes Inländer sind, wird von diesen die Kreditwürdigkeit ihres Landes in der Regel höher eingeschätzt.

3. Hinweise zur Lösung

Sofern es Ihnen beim Aufgabenteil (a) schwerfällt, das geforderte Ergebnis allgemein zu berechnen, könnte es hilfreich sein, in einem ersten Schritt mit konkreten, selbst festgelegten Werten zu rechnen. In einem zweiten Schritt könnte dann das allgemeine Ergebnis ermittelt werden.

4. Literaturempfehlung

Dornbusch, Rüdiger; Fischer, Stanley; Startz, Richard (2003): Makroökonomik, 8. Auflage, München 2003, S. 249–335.
Mankiw, N. Gregory (2011): Makroökonomik, 6. Auflage, Stuttgart 2011, S. 365–429.
Miles, David; Scott, Andrew; Breedon, Francis (2014): Makroökonomie, Weinheim 2014, S. 525–548.

Aufgabe 49: Inflationsraten (Verbraucherpreise)

Wissen, Verstehen
Bearbeitungszeit: 10 Minuten

1. Aufgabenstellung

(a) Was misst die Inflationsrate eines Landes?

(b) Nennen und erklären Sie, inwieweit Qualitätsänderungen von Produkten statistische Probleme bei der Messung von Inflation hervorrufen.

Aufgabe 48b (Staatsverschuldung im *IS-LM*-Modell)

Schuldenstand des Staates in Prozent vom BIP

	2000	2001	2002	2003	2004	2005	2006	2007	2008	2009	2010	2011	2012
Deutschland	60,86	60,19	62,60	65,98	69,06	71,69	69,81	65,71	69,80	77,44	86,02	85,64	88,52
Finnland	52,47	50,09	49,65	51,10	51,27	48,45	44,67	40,37	39,74	51,48	56,97	58,61	64,44
Frankreich	67,86	67,19	70,72	75,22	77,12	78,93	73,93	72,98	79,20	91,36	95,54	99,23	109,33
Griechenland	116,33	118,41	116,89	110,69	113,12	114,89	120,41	117,76	121,28	137,87	130,21	108,82	164,16
Irland	40,24	37,14	35,39	34,05	32,72	32,70	28,73	28,44	49,20	70,09	87,31	102,28	125,76
Italien	123,90	123,12	121,79	119,32	119,66	122,53	121,25	116,43	118,82	132,13	130,76	123,76	141,72
Japan	141,51	151,37	161,75	172,26	178,76	180,19	180,02	180,02	184,20	207,33	210,63	227,98	...
Niederlande	63,89	59,43	60,27	61,36	61,86	60,73	54,51	51,52	64,80	67,63	71,89	76,16	82,74
Portugal	62,40	64,25	67,97	70,25	73,52	77,74	77,46	75,55	80,80	93,95	98,14	97,17	127,85
Spanien	66,59	61,97	60,40	55,41	53,46	50,80	46,26	42,40	47,77	62,76	67,79	78,19	92,38
USA	61,51	63,91	70,51	71,36	79,13	78,14	75,61	75,80	91,93	104,98	115,33	120,61	122,52

Quelle: OECD 2015 (data.oecd.org)

Defizit/Überschuss des Staates in Prozent vom BIP

	2000	2001	2002	2003	2004	2005	2006	2007	2008	2009	2010	2011	2012
Deutschland	1,14	-3,08	-3,85	-4,15	-3,76	-3,33	-1,65	0,23	-0,07	-3,10	-4,18	-0,82	0,08
Finnland	7,02	5,12	4,17	2,50	2,27	2,69	4,08	5,34	4,34	-2,72	-2,80	-1,03	-2,18
Frankreich	-1,52	-1,65	-3,29	-4,09	-3,62	-2,97	-2,38	-2,75	-3,34	-7,56	-7,09	-5,29	-4,83
Griechenland	-3,77	-4,48	-4,88	-5,77	-7,49	-5,64	-6,03	-6,76	-9,93	-15,63	-10,83	-9,59	-9,02
Irland	4,91	0,96	-0,35	0,43	1,44	1,64	2,91	0,16	-7,38	-13,66	-30,61	-13,05	-8,10
Italien	-0,91	-3,19	-3,16	-3,65	-3,57	-4,49	-3,41	-1,59	-2,67	-5,41	-4,34	-3,72	-2,88
Japan	...	...	...	...	...	-4,81	-1,28	-2,09	-1,86	-8,84	-8,31	-8,93	...
Niederlande	1,97	-0,25	-2,11	-3,15	-1,77	-0,28	0,52	0,16	0,49	-5,58	-5,03	-4,28	-3,99
Portugal	-3,31	-4,81	-3,43	-3,74	-4,04	-6,49	-4,63	-3,21	-3,70	-10,17	-9,85	-4,31	-6,46
Spanien	-0,96	-0,55	-0,34	-0,33	-0,07	1,28	2,36	1,97	-4,51	-11,12	-9,62	-9,56	-10,63
USA	0,80	-1,37	-4,73	-5,88	-5,44	-4,16	-2,98	-3,56	-7,03	-12,69	-12,02	-10,59	-9,15

Quelle: OECD 2015 (data.oecd.org)

2. Lösung

(a) Die Inflationsrate misst die Veränderung des Preisindex für die Lebenshaltung für Privathaushalte. In internationalen Statistiken findet sich die Bezeichnung *Consumer Price Index (CPI)*. Der Preisindex wird auf der Basis eines Warenkorbs berechnet, in dem die üblichen monatlich konsumierten Waren und Dienstleistungen eines repräsentativen Privathaushalts gelistet sind. Als Beispiele hierfür können genannt werden die monatlichen Ausgaben für Miete, Strom und Telefon, Bildungs- und Gesundheitsausgaben oder auch Benzinpreise und Ausgaben für Bekleidung.

(b) Im Warenkorb kann ein Gut enthalten sein, das sich auf einer bestimmten Entwicklungsstufe befindet. Angenommen, dieses Gut würde nun durch Innovationen eine starke Verbesserung der Qualität erfahren, also beispielsweise was die verwendete Technik oder die Langlebigkeit und Robustheit anbelangt. Die Unternehmen würden dafür aber auch einen höheren Preis verlangen. In der Folge würde sich im Warenkorb dieses Gut mit dem statistisch erfassten höheren Preis wiederfinden. Die Qualitätsänderung würde aber nicht erfasst werden. Da der Konsument womöglich das neue Produkt gegenüber dem alten bevorzugt und den höheren Preis gerne in Kauf nimmt, wird er besser gestellt. Eine solche Veränderung wird aber statistisch nicht erfasst. Die Inflationsrate würde also in diesem Fall überzeichnet werden.

3. Hinweise zur Lösung

Der Preisindex für die Lebenshaltung wird monatlich von den Statistischen Ämtern eines Landes berechnet. In Deutschland ist hierfür das Statistische Bundesamt (destatis) in Wiesbaden verantwortlich.

Neben Problemen bei der Erfassung von Qualitätsänderungen existieren natürlich noch andere Probleme bei der Messung der Inflationsrate. So können Substitutionseffekte von Konsumenten von den Statistikern nicht erfasst werden. Wird ein Gut beispielsweise teurer, dürfte es von den Konsumenten durch ein anderes (relativ billigeres) Gut ersetzt werden. Bei einem Preisanstieg von Butter wäre etwa denkbar, dass auf Margarine zurückgegriffen wird oder ein anderes Gut verwendet wird (zum Beispiel Frischkäse) oder einige Konsumenten das Produkt überhaupt nicht mehr kaufen. Während in die statistische Messung der höhere Butterpreis eingeht und sich die Inflationsrate dadurch tendenziell erhöht, könnten viele Konsumenten das Gut bereits substituiert haben. Ebenso ergeben sich statistische Probleme bei der Einführung neuer Güter, da die Zusammensetzung des Warenkorbs nur mit größerer Zeitverzögerung aktualisiert wird.

4. Literaturempfehlung

Altmann, Jörn (2007): Wirtschaftspolitik, 8. Auflage, Stuttgart 2007, S. 121–126.
Mankiw, N. Gregory; Taylor, Mark P. (2012), Grundzüge der Volkswirtschaftslehre, 5. Auflage, Stuttgart 2012, S. 586–591.

Aufgabe 50: Wirkungen von Inflation

Wissen, Anwenden, Verstehen
Bearbeitungszeit: 15 Minuten

1. Aufgabenstellung

Erklären Sie anhand je eines Beispiels, warum Inflation eine negative Wirkung auf die Spartätigkeit und das Wachstum einer Volkswirtschaft haben kann und warum Vermögensumverteilungen zu erwarten sind.

2. Lösung

– Wachstum: Nach dem Fisher-Effekt sind die Realzinsen in einer Volkswirtschaft identisch, und nur die Höhe der Nominalzinsen unterscheidet sich in Abhängigkeit von der Höhe der Inflationsrate. Ein Land, das also stärker inflationiert, sollte einen um die Inflationsdifferenz höheren Nominalzinssatz aufweisen. Als Beispiel eines wachstumshemmenden Effektes kann nun die Besteuerung von Kapitalerträgen in die Überlegung eingebaut werden. Eine Besteuerung der Nominalzinsen (nicht der Realzinsen!) von angenommen 25 % führt im Ergebnis zu einem niedrigeren realen Zins in dem Land mit höherer Inflation. Die Sparer machen nun ihre Sparentscheidung abhängig vom Realzins und nicht vom Nominalzins. In der Folge wird weniger gespart, und die Ersparnis reduziert sich. In einem Modell der geschlossenen Volkswirtschaft wird sich somit auch die Investitionstätigkeit reduzieren. Der dadurch geringer ansteigende Kapitalstock wirkt negativ auf das Wachstum der Volkswirtschaft.

– Vermögensumverteilung: Inflation führt zu einer Umverteilung zwischen Sparern und Schuldnern, indem die Sparer belastet und die Schuldner entlastet werden. Die Belastung der Sparer geht aus dem obigen Beispiel hervor, weil sie einen niedrigeren realen Vermögenszuwachs erhalten. In der Praxis kommt erschwerend hinzu, dass die Nominalzinsen auf Vermögensanlagen meist über mehrere Jahre fixiert sind. Steigt die Inflation in diesem Zeitraum an, sinkt der reale Vermögenszuwachs (Hinweis: Die Realzinsen ergeben sich aus Nominalzins abzüglich der Inflationsrate). Im Gegensatz dazu werden Schuldner bevorteilt. Angenommen, Sie nehmen einen Kredit für eine Immobilienfinanzierung auf. Der darauf zu zahlende Nominalzins wird beispielsweise über 10 Jahre festgeschrieben, und

Sie vereinbaren mit Ihrer Bank die Zahlung einer monatlichen Annuität. In einem sehr vereinfachten Beispiel sei angenommen, dass Sie 3.000 Euro Bruttoeinkommen im Monat beziehen und eine Annuität von 1.000 Euro bezahlen. Würde sich die Inflation nun in den nächsten Jahren stark erhöhen, wäre zu erwarten, dass sich auch Ihr Bruttoeinkommen durch Tarifverhandlungen deutlich erhöht. Die monatliche Annuität für Ihr Immobiliendarlehen bleibt allerdings konstant. Eine höhere Inflation würde Sie als Schuldner daher mittel- bis langfristig relativ entlasten, da Sie einen geringeren Anteil Ihres Bruttoeinkommens für das Annuitätendarlehen aufwenden müssten.

3. Hinweise zur Lösung

Viele Studierende verwechseln bei Klausuraufgaben die Begrifflichkeiten bzw. trennen diese nicht scharf voneinander. Einige Beispiele mögen dies verdeutlichen: Steuern werden auf Nominalzinsen gezahlt und nicht auf Realzinsen. Die Realzinsen ergeben sich als Differenz zwischen Nominalzinsen und Inflationsrate (Realzins = Nominalzins – Inflationsrate). Die Sparer einer Volkswirtschaft machen ihre Sparentscheidung vom Realzins abhängig und nicht vom Nominalzins. Der Zinssatz, den Sie mit Ihrer Hausbank für Ihr Immobiliendarlehen vereinbaren, ist ein Nominalzins und kein Realzins. Bei höherer Inflation bleibt die nominale Belastung deshalb gleich, aber die reale Belastung nimmt ab.

4. Literaturempfehlung

Altmann, Jörn (2007): Wirtschaftspolitik, 8. Auflage, Stuttgart 2007, Kapitel 4.5, S. 165 ff.
Mankiw, N. Gregory; Taylor, Mark P. (2012): Grundzüge der Volkswirtschaftslehre, 5. Auflage, Stuttgart 2012, Kapitel 30.

Aufgabe 51: Angebotsinflation/Kostendruckinflation

Verstehen, Anwenden
Bearbeitungszeit: 5 Minuten

1. Aufgabenstellung

Die nachfolgende Graphik zeigt ausgehend vom Punkt A eine sog. Kostendruckinflation auf der Angebotsseite der Gütermärkte aufgrund von Preissteigerungen bei Energie-Rohstoffen und von hohen Lohnforderungen. Es kommt nachfolgend zu einem Rückgang der Beschäftigung (Punkt B).

(a) Was müssen Staat oder Zentralbank nun tun, um wieder das alte Beschäftigungsniveau zu erreichen, wenngleich sich auch ein höheres Preisniveau einstellen wird (Punkt C)?

(b) Was passiert, wenn Staat oder die Zentralbank nicht reagieren?
(c) Welches wäre eine ideale Lösung?

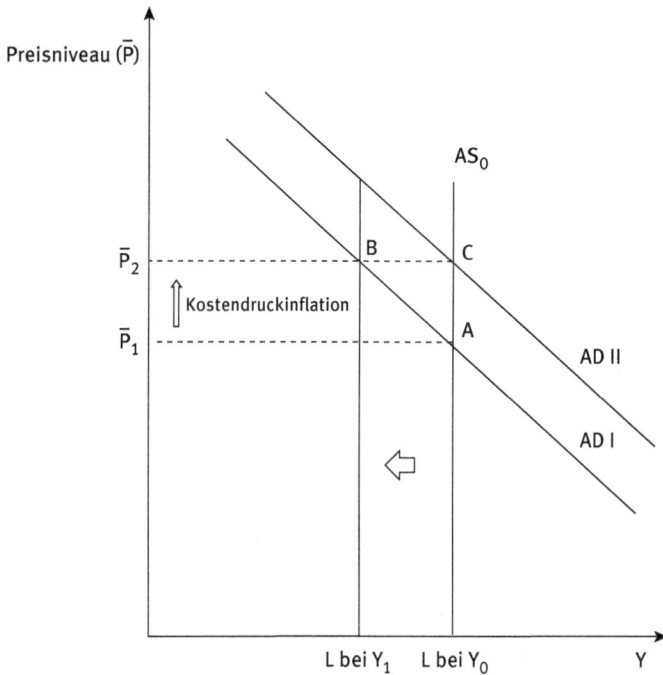

2. Lösung

(a) Staat: Ausweitung der Geldmenge; Zentralbank: Erhöhung der Staatsausgaben mit dem Ziel, die Nachfrage zu beleben.
(b) Die Unternehmen können die gestiegenen Preise nicht am Markt durchsetzen. Übrig bleiben nur Unternehmen, die zu geringeren Erlösen die Güter am Markt anbieten können, weshalb das Preisniveau langfristig wieder sinkt (Punkt A). Zwischenzeitlich bleibt die inflationsverursachte Arbeitslosigkeit bestehen.
(c) Der Staat begrenzt die Verteuerung der Energiepreise durch eine Diversifikation der Energieerzeugung. Die Tarifvertragsparteien sorgen dafür, dass die Lohnerhöhungen nicht über die Produktivitätssteigerungen hinausgehen, sofern bei AS_0 Vollbeschäftigung herrschte.

3. Hinweise zur Lösung

Eine Kostendruckinflation führt zunächst bei den Produzenten zu steigenden Kosten, was eine Zunahme des Preisniveaus zur Folge hat. Angebotsschocks dieser Art sind nicht immer zu vermeiden. Der Staat kann Maßnahmen ergreifen, die inflationstreibenden Kräfte abzuschwächen, indem die Unternehmen temporär entlastet werden (z. B. durch Steuervergünstigungen).

4. Literaturempfehlung

Anderegg, Ralph (2007): Grundzüge der Geldtheorie und Geldpolitik; Managementwissen für Studium und Praxis, München 2007, Kapitel 9.

Fisher, Irving (2010): The Debt-Deflation – Theory of Great Depressions, Ohio 1933, Neudruck 2010.

Aufgabe 52: Quantitätstheorie des Geldes

Wissen, Anwenden
Bearbeitungszeit: 15 Minuten

1. Aufgabenstellung

Eurostat gab mit der Pressemitteilung Nr. 112/2014 am 17. Juli 2014 bekannt, wie sich die jährlichen Inflationsraten zum Ende des zweiten Quartals 2014 in unterschiedlichen Ländern verändert hatten. Danach lag die Inflationsrate bei plus 0,5 % im Euroraum, bei minus 1,5 % in Griechenland und bei plus 1,0 % in Deutschland. Das preisbereinigte BIP, so eine weitere Pressemitteilung von Eurostat (Nr. 133/2014 vom 5. September 2014), hatte sich im selben Zeitraum im Euroraum nicht verändert. In Griechenland war es hingegen um 0,2 % gesunken und in Deutschland um 1,3 % gewachsen.

(a) Erklären Sie die Quantitätstheorie des Geldes!

(b) Nehmen Sie an, dass die Umlaufgeschwindigkeit des Geldes unverändert bleibt! Welches Geldmengenwachstum sollte die EZB bei Ihrer Geldpolitik angesichts der oben genannten Zahlenwerte anstreben? Begründen Sie Ihre Empfehlung!

2. Lösung

(a) Geld wird von den Wirtschaftssubjekten gehalten, um damit Transaktionen durchführen zu können; je mehr Transaktionen getätigt werden, desto mehr Geld muss von den Wirtschaftssubjekten gehalten werden.

Offenbar gibt es eine Beziehung zwischen wirtschaftlichen Transaktionen und Geld; diese kommt in der sog. **Quantitätsgleichung** zum Ausdruck:

$$M \cdot V = P \cdot T$$

mit

M = Geldmenge

V = Umlaufgeschwindigkeit des Geldes

P = Preisniveau

T = Transaktionen

$P \cdot T$ = Handelsvolumen

Bei gesamtwirtschaftlicher Betrachtung einer Mehrgüterwirtschaft erweist sich die zuvor verwendete Quantitätsgleichung als wenig praktikabel, da sich die Anzahl aller Transaktionen in einer Volkswirtschaft nicht so leicht ermitteln lässt. Wir verwenden deshalb nun folgende Form der Quantitätsgleichung:

$$M \cdot V = P \cdot Y^{\text{real}}$$

mit

M = Geldmenge

V = Umlaufgeschwindigkeit des Geldes

P = Preisniveau

Y^{real} = reales BIP

$Y^{\text{real}} \cdot P$ = nominales BIP

Soll die Berechnung in Wachstumsraten, also in Prozentzahlen erfolgen, lautet die Quantitätsgleichung wie folgt:

$$\hat{M} + \hat{V} = \hat{P} + \hat{Y}^{\text{real}}$$

mit

$$\hat{M} = \frac{dM}{M}$$

$$\hat{V} = \frac{dV}{V}$$

$$\hat{P} = \frac{dP}{P}$$

$$\hat{Y}^{\text{real}} = \frac{dY^{\text{real}}}{Y^{\text{real}}}$$

(b) Es muss hier die in Wachstumsraten formulierte Quantitätsgleichung verwendet werden:

$$\hat{M} + \hat{V} = \hat{P} + \hat{Y}^{\text{real}}$$

Anschließend ist die Gleichung nach $\hat{M}$ aufzulösen:

$$\hat{M} = \hat{P} + \hat{Y}^{\text{real}} - \hat{V}$$

Nun sind folgende Werte einzusetzen:

$\hat{V} = 0$: gemäß Aufgabenstellung

$\hat{Y}^{\text{real}} = 0$: die EZB macht Geldpolitik für den Euroraum als Ganzes und nicht für die einzelnen Mitgliederländer des Euro; aus diesem Grund ist der für den Euroraum geltende Wert für das Wachstum des realen BIP relevant.

$\hat{P} = 2$: die EZB strebt eine Inflationsrate von etwa 2 % an; dieser Wert ist hier relevant; die in der Aufgabenstellung genannten Werte sind nicht zu verwenden.

Daraus folgt:

$\hat{M} = 2$: es ist ein Geldmengenwachstum von 2 % anzustreben, um das Inflationsziel von 2 % bei konstantem realen BIP erzielen zu können.

3. Hinweise zur Lösung

Überlegen Sie zunächst, für welche Fragestellungen man die Variante $M \cdot V = P \cdot Y^{\text{real}}$ und für welche Fragestellungen man die Variante $\hat{M} + \hat{V} = \hat{P} + \hat{Y}^{\text{real}}$ verwendet! Desweiteren sollten Sie sich vor der Bearbeitung der Aufgabe noch einmal ins Bewusstsein rufen, welches Inflationsziel die EZB anstrebt. Gilt dieses Inflationsziel für jedes einzelne Land im Euroraum oder für den Euroraum als Ganzes?

4. Literaturempfehlung

Dornbusch, Rüdiger; Fischer, Stanley; Startz, Richard (2003): Makroökonomik, 8. Auflage, München 2003, S. 121–122.
Mankiw, N. Gregory (2011): Makroökonomik, 6. Auflage, Stuttgart 2011, S. 110–117.

Aufgabe 53: Lohnpolitik, Preisstabilität und Lohnstückkosten

Anwenden, Transfer, Bewerten
Bearbeitungszeit: 20 Minuten

1. Aufgabenstellung

In der Internetausgabe der Süddeutschen Zeitung vom 30. Juli 2014 war ein Zeitungstext mit der Überschrift „Bundesbankchef Weidmann fordert ein Lohnplus von drei Prozent" zu finden. Es wird dort weiter ausgeführt, dass sich diese 3 % Lohnanstieg nach Ansicht des Bundesbank-Präsidenten überschlagsmäßig aus mittelfristig etwa 2 % Preisanstieg und 1 % trendmäßigem Produktivitätswachstum ergeben.

(a) Halten Sie die von Weidmann genannte Formel (Lohnanstieg = Preisanstieg + Produktivitätszuwachs) grundsätzlich – also unabhängig von den genannten Werten – für richtig oder falsch? Bitte begründen Sie Ihre Einschätzung!

(b) Nach Angaben des Statistischen Bundesamtes hat sich der Verbraucherpreisindex zum 30. Juni 2014 innerhalb von zwölf Monaten um 1 % erhöht. Der Produktivitätsfortschritt betrage tatsächlich 1 %. Welche Folgen erwarten Sie auf dem Arbeitsmarkt, wenn das von Weidmann geforderte Lohnplus von 3 % Realität würde? Bitte begründen Sie Ihre Ausführungen!

(c) Nach Ansicht der Tarifpartner mischt sich die Bundesbank mit ihrem Vorstoß in die Tarifautonomie ein. Erläutern Sie im Kontext der makroökonomischen Entwicklungen vom Sommer 2014, welches Argument die Bundesbank hier zur Rechtfertigung ihres Vorstoßes anführen müsste!

(d) Erklären Sie den Begriff der „Lohnstückkosten"! Wie würde die Forderung Weidmanns die Wettbewerbsfähigkeit Deutschlands beeinflussen?

2. Lösung

(a) Nach der sogenannten „Meinhold-Formel" soll es eine Doppelanpassung der Nominallöhne an die Veränderung der Arbeitsproduktivität und an die Veränderung des Preisniveaus geben; sie ist Ausdruck produktivitätsorientierter Lohnpolitik bei gleichzeitiger Verteilungsneutralität und kann deshalb durchaus als eine richtige und begründete Lohnleitlinie angesehen werden.

(b) Nach der „Meinhold-Formel" wäre eine Nominallohnsteigerung von 2 % angezeigt. Weidmann lässt in die Formel offenbar nicht die tatsächliche Inflationsrate von 1 %, sondern die Zielinflationsrate der EZB von rund 2 % einfließen, so dass sich bei ihm eine Forderung der Nominallohnsteigerung von insgesamt 3 % ergibt. Dies wäre ein Lohnwachstum oberhalb des Produktivitätsfortschritts bzw. oberhalb der tatsächlichen Entwicklung des Preisniveaus: Es käme dadurch zu einer Umverteilung von den Unternehmen zu den Arbeitnehmern. Für Unternehmen könnten Lohnforderung oberhalb des Produktivitätsfortschritts und tatsächlicher Preissteigerung Anreize dahingehend setzen, dass der Produktionsfaktor Arbeit durch den Produktionsfaktor Kapital substituiert würde. Die Folge wäre eine höhere Arbeitslosigkeit.

(c) Das Eurosystem, zu dem auch die Deutsche Bundesbank gehört, ist bzw. war bemüht, deflationären Tendenzen entgegenzuwirken. Insofern lässt sich Weidmanns Vorstoß mit stabilitätspolitischen Erwägungen erklären. Moderat höhere Lohnforderungen als von der „Meinhold-Formel" postuliert, können den momentanen deflationären Tendenzen entgegenwirken, weil sie Preisniveausteigerungen hervorrufen könnten.

(d) Unter Lohnstückkosten versteht man die Lohnkosten je produzierter Mengeneinheit. Ein Land, das niedrigere Lohnstückkosten als ein anderes Land aufweist, gilt als wettbewerbsfähiger. Insofern könnte die Forderung Weidmanns dazu führen, dass die Lohnstückkosten in Deutschland zunehmen. Dies kann die Wettbewerbsfähigkeit Deutschlands negativ beeinflussen. Allerdings hatte sich die Wettbewerbsfähigkeit Deutschlands im Vergleich zu anderen Volkswirtschaften in den vergangenen Jahren positiv entwickelt, so dass Deutschland hier momentan eine recht gute Ausgangsposition hat.

3. Hinweise zur Lösung

Rufen Sie sich in Ihr Bewusstsein, was das vorrangige Ziel des Eurosystems ist! Erscheint Ihnen Weidmanns Vorstoß vor diesem Hintergrund und angesichts der in Deutschland geltenden Tarifautonomie gerechtfertigt oder unangemessen?

Interessant könnte im Kontext des Aufgabenteils (a) auch der vor rund 50 Jahren erschienene, im Internet leicht zu findende Zeitungsartikel zur Lohnpolitik sein: *Helmut Meinhold (1965): Das Dilemma unserer Lohnpolitik, in: „Die Zeit" Nr. 51 v. 17. 12. 1965, S. 36.*

4. Literaturempfehlung

Clement, Reiner; Terlau, Wiltrud; Kiy, Manfred (2013): Angewandte Makroökonomie, 5. Auflage, München 2013, S. 336.
Mussel, Gerhard; Pätzold, Jürgen (2012): Grundfragen der Wirtschaftspolitik, 8. Auflage, München 2012, S. 177–180.

Aufgabe 54: Strukturelle Arbeitslosigkeit

Bewerten
Bearbeitungszeit: 7 Minuten

1. Aufgabenstellung

Erläutern und diskutieren Sie die nachfolgende so genannte Substitutions-These zur Erklärung von strukturell bedingter Arbeitslosigkeit und diskutieren Sie das Für und Wider der These.

These: *„Dem Kapitalismus geht zwangsläufig die Arbeit aus aufgrund der anhaltenden Substitution des Produktionsfaktors Arbeit durch den Produktionsfaktor Kapital (weil Maschinenarbeit manuelle Arbeit ersetzt)."*

2. Lösung

Für:
- Kurz- bis mittelfristig entsteht strukturelle Arbeitslosigkeit.
- Arbeitskräfte, die im Strukturwandel ihre Arbeit verlieren, haben kaum noch alternative Beschäftigungsmöglichkeiten, wenn sie sich nicht neu qualifizieren oder mit ihren Lohnansprüchen anpassen.

Wider:
- Die Substitution von Arbeit durch Kapital ist ein permanenter Prozess, der sich durch die gesamte Wirtschaftsgeschichte zieht.
- Es entstehen neue Arbeitsplätze: in der Forschung und Entwicklung der Maschinen und Anlagen (für Höherqualifizierte) und im Servicebereich (für alle Qualifikationsbereiche).
- Lohnforderungen entscheiden über die Geschwindigkeit des Substiutionspozesses.

Diskussion:
- Gegenüberstellung/Gewichtung der oben angeführten Argumente im Hinblick auf die Relevanz

3. Hinweise zur Lösung

Strukturelle Arbeitslosigkeit ist meist geprägt durch einen Gegensatz von Arbeitsangebot der Arbeitnehmer und die Arbeitsnachfrage der Unternehmen. Dazu zählen Unterschiede in der Qualifikation der verfügbaren Arbeitskräfte auf der Arbeitsangebotsseite und die sich im Strukturwandel ändernden Anforderungen der Unternehmen auf der Nachfrageseite. Meist wirken arbeitsmarktpolitische Instrumente eher langfristig, weil Änderungen der Ausbildungssysteme oder der Weiterqualifikation vorgenommen werden müssen, die erst spät Wirkung zeigen. Wäre die oben angeführte These richtig, dann dürften in allen Industrieländern kaum noch Menschen Beschäftigung finden. Tatsächlich bilden sich permanent neue Märkte, und die genutzten Technologien bringen neue Berufe hervor. Gleichsam gibt es Verlierer, nämlich Arbeitnehmer, die sich qualifikationsmäßig nicht mehr neu ausrichten wollen oder können und Unternehmen, die neue Technologien zu spät einführen und somit nicht für neue Arbeitsplätze sorgen.

4. Literaturempfehlung

Siebert, Horst; Lorz, Oliver (2007): Einführung in die Volkswirtschaftslehre, 15. Auflage, Stuttgart 2007, S. 161–166.
Samuelson, Paul A.; Nordhaus, Wiliam, D.: (2005): Volkswirtschaftslehre, 18. Auflage, Landsberg am Lech 2005, S. 351–387, S. 899–927.

Aufgabe 55: Importe und Bruttoinlandsprodukt

Bewerten
Bearbeitungszeit: 10 Minuten

---

1. Aufgabenstellung

Bitte erläutern Sie, warum bei der Ermittlung des Bruttoinlandsprodukts die Importe subtrahiert werden? Die Güter stehen den Teilnehmern der Volkswirtschaft doch zur Verfügung.

2. Lösung

Das Bruttoinlandprodukt ist definiert als die Summe aller Güter und Dienstleistungen, die innerhalb eines Jahres in einer Volkswirtschaft (Inland) produziert werden. Die Importe werden jedoch definitionsgemäß in einer anderen Volkswirtschaft (Ausland) produziert.

3. Hinweise zur Lösung

Zur Veranschaulichung betrachten wir die Verwendungsgleichung des BIPs und setzen die Exporte und die Bruttoinvestitionen auf null. Es bleibt: $Y = C - Im$. Gehen wir nun davon aus, dass in der betrachteten Volkswirtschaft gar nichts produziert wurde, also gilt $Y = 0$. In einem solchen extremen Fall gilt: $C = Im$. Alle in dieser Periode trotzdem konsumierten Güter können nur aus dem Ausland stammen.

4. Literaturempfehlung

Siebert, Horst; Lorz, Oliver (2007): Einführung in die Volkswirtschaftslehre, 15. Auflage, Stuttgart 2007, S. 214–225.

Aufgabe 56: Wechselkurse

Wissen, Verstehen
Bearbeitungszeit: 20 Minuten

1. Aufgabenstellung

(a) Nennen Sie die Unterschiede zwischen der Preis- und einer Mengennotierung eines Wechselkurses. Welche Form nutzte die Deutsche Bundesbank zu D-Mark-Zeiten, und welche verwendet die Europäische Zentralbank heute?

(b) Zeigen Sie die unterschiedlichen Wirkungen einer Aufwertung sowie einer Abwertung der heimischen Währung (Euro) auf die Export- und Importpreise auf. Zeigen Sie zudem anhand möglicher Kausalketten die Wirkungen für Produzenten, Konsumenten und für die Volkswirtschaft (Nettoexporte, BIP) auf.

2. Lösung

(a) Bei der Preisnotierung wird der Preis einer Einheit ausländischer Währung in inländischen Währungseinheiten gemessen, beispielsweise 1 $ = 1,20 €. Sie gibt in diesem Beispiel an, wie viel Euro für einen Dollar gezahlt werden müssen (alternative Schreibweise: 1,20 €/$).

Bei der Mengennotierung wird der Preis einer Einheit inländischer Währung in ausländischen Währungseinheiten gemessen, beispielsweise 1 € = 1,30 $. Sie gibt in diesem Beispiel an, wie viel US-Dollar für einen Euro gezahlt werden müssen (alternative Schreibweise: 1,30 $/€). Die Deutsche Bundesbank nutzte zu D-Mark-Zeiten die Preisnotierung. Die Europäische Zentralbank nutzt heute die Mengennotierung (also 1 € = ... $, 1 € = ... £ etc.).

(b) Die wesentlichen Ergebnisse sind in der tabellarischen Übersicht dargestellt:

	Aufwertung	Abwertung
Wechselkurs-Beispiel Folgen für:	1 € = 1 $ wird zu 1 € = 1,20 $	1 € = 1 $ wird zu 1 € = 0,8 $
Exportpreise/Exporte	Euroland-Exportgüter werden in den USA teurer, Exporte in die USA nehmen ab, Nachteil für Exporteure in Euroland	Euroland-Exportgüter werden in den USA günstiger, Exporte in die USA nehmen zu, Vorteil für Exporteure in Euroland
Importpreise/Importe	Importgüter aus den USA werden günstiger, Euroland-Importe aus den USA nehmen zu, Vorteil für Konsumenten in Euroland	Importgüter aus den USA werden teurer, Euroland-Importe aus den USA nehmen ab, Nachteil für Konsumenten in Euroland
Nettoexporte (LB)	EX ↓, IM ↑=> Nettoexporte nehmen ab, Verschlechterung des Leistungsbilanzsaldos	EX ↑, IM ↓=> Nettoexporte nehmen zu, Verbesserung des Leistungsbilanzsaldos
Volkswirtschaft (BIP)	BIP ↓, negativer Effekt auf das BIP steht zu erwarten	BIP ↑, positiver Effekt auf das BIP steht zu erwarten

3. Hinweise zur Lösung

Aus der Tabelle wird ersichtlich, dass Wechselkursänderungen nicht per se als positiv oder negativ zu bewerten sind, sondern immer unterschiedliche Effekte auf die Beteiligten haben. Nehmen Sie den Fall einer Aufwertung des Euro gegenüber dem US-Dollar: Bitte bedenken Sie zunächst, dass nicht alle deutschen Exporte teurer werden, sondern nur die Exporte in den Dollarraum, also in die Länder mit US-Dollar als gesetzlichem Zahlungsmittel. Was sich für die dorthin exportierenden Exporteure der Länder des Euroraums als ein Nachteil erweist, wird für viele Konsumenten von Vorteil sein: So dürften sich zum Beispiel bei einer Aufwertung des Euro die Benzinpreise an der Tankstelle reduzieren. Die Presse greift dagegen meist nur eine Seite auf, die in dieser Situation gerade besondere Aufmerksamkeit erzeugen kann.

4. Literaturempfehlung

Altmann, Jörn (2007): Wirtschaftspolitik, 8. Auflage, Stuttgart 2007, S. 432–435 und Kapitel 12.7, S. 448 ff.

Aufgabe 57: Devisentermingeschäfte und -kassakurse

Anwendung, Transfer
Bearbeitungszeit: 20 Minuten

1. Aufgabenstellung

(a) Erläutern Sie, was Sie unter dem Devisenterminkurs und dem Devisen-Kassakurs verstehen?

(b) Welcher Zusammenhang besteht zwischen Devisenterminkurs und dem Devisen-Kassakurs? Betrachtet werden soll eine einjährige Geldanlage über 10.000 € im Euroraum sowie zum Vergleich im Dollarraum. Angenommen wird ein Wechselkassakurs $w_K = 1{,}30\frac{\$}{€}$. Das einjährige Zinsniveau wird in den USA mit $i_\$ = 1{,}25\,\%$ angegeben, das Zinsniveau in Deutschland mit $i_€ = 1\,\%$.

(c) Was ist in diesem Zusammenhang ein Report bzw. ein Deport?

2. Lösung

(a) Der Kassakurs ist der Kurs, zu dem Währungen am Kassamarkt verkauft werden, d. h., das Verpflichtungsgeschäft erfolgt in der Gegenwart, das Erfüllungsgeschäft findet i. d. R. zwei Bankarbeitstage später statt. Beim Devisenterminkurs erfolgt der Abschluss auch in der Gegenwart, das Erfüllungsgeschäft jedoch in der Zukunft.

(b) Das Zinsniveau in zwei Währungsgebieten gibt Aufschluss über die Höhe des Devisenterminkurses unter Berücksichtigung der „Law of one Price" (Gesetz des einheitlichen Preises), das zu Arbitragevorgängen führt. Dieses besagt, dass Renditedifferenzen ausgeglichen werden. Ein Investor hat nun folgende Handlungsoption:

1. Einjährige Anlage in Euro
2. Einjährige Anlage in Dollar

Zu 1:

Die einjährige Anlage in Euro bringt dem Investor eine Rendite von 1 %.

Zu 2:

Auch die einjährige Anlage in Dollar und Rücktausch in Euro muss dem Investor insgesamt eine Rendite von 1,00 % einbringen. Dafür sorgen Arbitrage-Geschäfte an den Devisenmärkten.

Für den Zusammenhang zwischen Kassa- und Terminkurs bei gegebenen Zinssätzen gilt:

$$w_K = \frac{1 + i_€}{1 + i_\$}\,w_T$$

$$w_T = \frac{1 + i_\$}{1 + i_€}\,w_K$$

$$w_T = \frac{1 + 0{,}0125}{1 + 0{,}01}\,1{,}30$$

$$w_T = 1{,}3032$$

Es ergibt sich ein Terminkurs in Höhe von $1{,}3032\,\frac{\$}{€}$.

(c) Ein Report kennzeichnet die Situation, falls das ausländische Zinsniveau i_a größer als das inländische Zinsniveau i ist:

$$i_a - i > 0 : \text{Report}$$

Ein Deport kennzeichnet die Situation, falls das inländische Zinsniveau i_a kleiner als das inländische Zinsniveau i ist:

$$i_a - i < 0 : \text{Deport}$$

In dem betrachteten Beispiel liegt ein höheres Zinsniveau in den USA vor. Es ergibt sich daher ein Report.

3. Hinweise zur Lösung

Zu (b)
Ein Kapitalbetrag in Euro wird mit der Rendite einer Anlage in Euro verzinst. Dieses muss der Rendite entsprechen, die sich über den Tausch des Kapitalbetrags von Euro in den Dollar, verzinst mit der Rendite einer Anlage in Dollar und anschließendem Rücktausch zum Terminkurs ergibt:

$$1 + i_{\unicode{x20AC}} = \frac{w_K(1 + i_{\$})}{w_T}$$

Zu (c)
Bei einem Report ist der Terminkurs vom Betrag her höher als der Kassakurs, bei einem Deport niedriger.

4. Literaturempfehlung

Mankiw, N. Gregory; Taylor, Mark P. (2012): Grundzüge der Volkswirtschaftslehre, 5. Auflage, Stuttgart 2012, S. 848 ff.
Rübel, Gerhard (2013): Außenwirtschaft: Grundlagen der realen und monetären Theorie, München, 2013, S 243 ff.

4 Wirtschaftspolitik

Aufgabe 58: Wirtschaftspolitisches Grundwissen

Wissen, Verstehen, Anwenden
Bearbeitungszeit: 15 Minuten

1. Aufgabenstellung

(a) Was versteht man unter Ordnungs- und Prozesspolitik?
(b) Nennen und erklären Sie jeweils ein Beispiel für eine (aktuelle) ordnungspolitische Fragestellung im Rahmen der Geldpolitik und der Sozialpolitik.
(c) Nennen und erklären Sie die drei wesentlichen Grundprinzipien der Sozialen Marktwirtschaft.

2. Lösung

(a) Die Ordnungspolitik umfasst die Maßnahmen des Staates, die die Wirtschaftsordnung, in den meisten Ländern also eine marktwirtschaftliche Ordnung, gestalten, erhalten und ausbauen. Sie schafft damit den verlässlichen wirtschaftlichen Rahmen, innerhalb dessen der Wirtschaftsprozess stattfindet (zum Beispiel Eigentumsordnung, Wettbewerbspolitik, Geldwert, Haftungs- und Vertragsrecht etc.). Die Prozesspolitik (auch: Ablaufpolitik) beschreibt dagegen alle konkreten Maßnahmen, die unmittelbar in den Wirtschaftsprozess eingreifen, um die Ziele der Wirtschaftspolitik umzusetzen (zum Beispiel Arbeitslosengeld, Kindergeld, Altersteilzeitmodelle, Ausgestaltung des Steuersystems oder des Unternehmenssteuerrechts etc.)

(b) Geldpolitik: „Wie unabhängig sollte eine Zentralbank in ihren Entscheidungen von politischen Institutionen sein?" Vor dem aktuellen Hintergrund der Euroland-Krise hat diese Fragestellung besondere Relevanz: Sollte die Zentralbank laut Ordnungspolitik für verlässliche Rahmenbedingungen sorgen, so müsste sie von politischen Weisungen unabhängig sein und sich ausschließlich ihrem eigentlichem Ziel, der Geldwertstabilität, widmen. Dies war die Hauptaufgabe der Deutschen Bundesbank, die sich durch deren strikte Einhaltung auf internationaler Ebene eine sehr gute Reputation erarbeitet hatte. Durch die Folgen der Finanz- und Haushaltskrisen der Euroländer scheint die Aufgabe der EZB mit dem Ankauf von staatlichen Wertpapieren nun deutlich weiter interpretiert zu werden. Viele Ökonomen bewerten dies ordnungspolitisch mehr als fragwürdig.

Sozialpolitik: „Brauchen wir mehr oder weniger Wettbewerb in den Krankenversicherungssystemen?" In den vergangenen Jahren wurden zahlreiche Diskussionen geführt über das Für und Wider von Privater Krankenversicherung (PKV) vs. Gesetzlicher Krankenversicherung (GKV) oder über die mögliche Einführung einer Bürgerversicherung.

(c) Eigenverantwortung (freiheitliches Prinzip): Es gilt die Verpflichtung zur Sicherung des Lebensunterhalts durch Erwerbsarbeit. Es besteht zudem die Freiheit des Individuums hinsichtlich seiner Entscheidungen im Hinblick auf Berufswahl und Gewerbefreiheit, Vertragsfreiheit, Bildung von Eigentum etc.

Solidarität (soziales Prinzip): Der Grundgedanke der Solidarität geht von einer Freiwilligkeit von Solidarleistungen aus und beruht auf dem Gedanken, dass einzelne Individuen in einer Marktwirtschaft auch scheitern können und „aufgefangen" werden sollten. Insofern sind Maßnahmen des Staates erforderlich, die solidarisch organisiert werden können (etwa Absicherungen in den Bereichen Krankheit, Unfall, Altersvorsorge, Arbeitslosigkeit etc.).

Subsidiarität: Das Prinzip der Subsidiarität beruht auf dem Gedanken, dass der Staat als höhere Instanz nur eingreift, wenn auf einer untergeordneten Ebene (Stadt, Gemeinde, Kreis etc.) die Probleme und Aufgaben nicht eigenständig gelöst werden können. Als Beispiel für eine Organisation nach dem Prinzip der Subsidiarität kann die Gewährung von Sozialhilfe durch die Kommunen genannt werden.

3. Hinweise zur Lösung

Bitte achten Sie auf die gedankliche Trennung der Prinzipien und Grundsätze. Oft werden die Argumente vermengt oder durcheinander gebracht. So sind beispielsweise Fragen wie „Können wir in der aktuellen konjunkturellen Situation den Leitzins um 50 Basispunkte senken?", „Sollten wir mit Steuersenkungen Haushalte und Unternehmen entlasten?" oder „Welche Krankenhausleistungen werden zukünftig noch durch die GKV abgesichert?" keine ordnungspolitischen Fragen, sondern Aufgaben der Prozesspolitik.

4. Literaturempfehlung

Koch, Walter A. S.; Czogalla, Christian (2008): Grundlagen der Wirtschaftspolitik, 3. Auflage, Stuttgart 2008, Kapitel 2, S. 31 ff.
Altmann, Jörn (2007): Wirtschaftspolitik, 8. Auflage, Stuttgart 2007, Kapitel 9.3, S. 232 ff.

Aufgabe 59: Wirtschaftspolitische Konzeptionen

Wissen, Bewerten
Bearbeitungszeit: 10 Minuten

1. Aufgabenstellung

Erklären Sie bitte kurz den wesentlichen Unterschied zwischen den beiden Begriffen „Nachtwächterstaat" und „Wohlfahrtsstaat". Nennen Sie hierfür auch Länderbeispiele. Welcher Weg wurde in Deutschland eingeschlagen?

2. Lösung

Die Idee eines Nachtwächterstaates lautet, dass sich der Staat lediglich auf seine allokativen Aufgaben konzentriert (zum Beispiel Maßnahmen und Investitionen in den Bereichen Verkehrsinfrastruktur und Bildung). Dies impliziert, dass sich die Wirtschaftspolitik wie ein „Nachtwächter" verhält und das wirtschaftliche Geschehen beobachtet und nur dann Maßnahmen ergreift, wenn Notsituationen eintreten. Stärkere wirtschaftspolitische Eingriffe werden damit abgelehnt. Vertreter dieser wirtschaftspolitischen Idee waren in der Vergangenheit die angelsächsischen Länder (USA, Großbritannien).

Die Idee des Wohlfahrtsstaates impliziert dagegen eine umfassende Versorgung und Betreuung seiner Bürger. Dies impliziert eine umfassende Steuerung und wirtschaftspolitische Beeinflussung des wirtschaftlichen Geschehens etwa in den Bereichen Einkommens(um)verteilung, medizinische und gesundheitliche Versorgung, umfassende Absicherung im Falle der Arbeitslosigkeit oder für das Rentenalter. Vertreter dieser wirtschaftspolitischen Idee sind vor allem die skandinavischen Länder (zum Beispiel Schweden).

In Deutschland wurde keiner dieser beiden Wege eingeschlagen, sondern ein wirtschaftspolitischer Mittelweg („Soziale Marktwirtschaft").

3. Hinweise zur Lösung

Die obige Darstellung auch der Länderbeispiele bezieht sich zunächst nur auf die wirtschaftspolitische Grundidee und deren Umsetzung der letzten Jahrzehnte. Allerdings haben gerade in den vergangenen Jahren die USA zum Beispiel deutlich stärker mit Hilfe der Wirtschaftspolitik in Märkte eingegriffen als in vorangegangenen Dekaden. Die Einordnung kann damit als Grundausrichtung angesehen, aber nicht pauschalisiert werden.

4. Literaturempfehlung

Koch, Walter A. S.; Czogalla, Christian (2008): Grundlagen der Wirtschaftspolitik, 3. Auflage, Stuttgart 2008, Kapitel 2, S. 31 ff.
Altmann, Jörn (2007): Wirtschaftspolitik, 8. Auflage, Stuttgart 2007, Kapitel 1.3, S. 16 ff.

Aufgabe 60: Policy Mix

Transfer
Bearbeitungszeit: 15 Minuten

1. Aufgabenstellung

Zeigen Sie graphisch in einem Zins-Einkommensdiagramm, wie durch eine kombinierte expansive Fiskal- und Geldpolitik das Gleichgewichtseinkommen erhöht werden kann und, dass dies sogar ohne eine Erhöhung des Zinsniveaus vonstattengehen kann.

2. Lösung

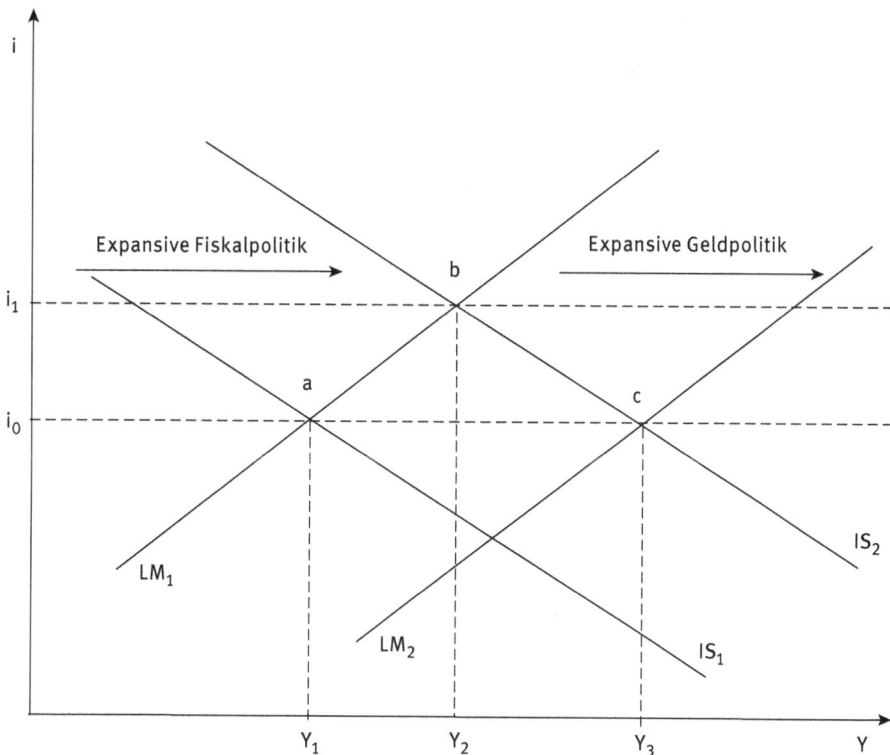

3. Hinweise zur Lösung

In der Ausgangssituation a befindet sich die Volkswirtschaft im Gleichgewicht i_0/Y_1. Eine Expansive Fiskalpolitik bedeutet eine Verschiebung der *IS*-Kurve nach rechts. Aus IS_1 wird IS_2. Das neue Gleichgewicht befindet sich in Punkt b und wird durch einen gestiegenen Zins i_1 und ein höheres BIP Y_2 beschrieben. Der Multiplikatoreffekt wird hier durch den Crowding-out-Effekt abgeschwächt. Eine expansive Geldpolitik bewirkt eine Rechtsverschiebung der LM-Kurve, aus LM_1 wird LM_2. Diese Verschiebung führt zum neuen Gleichgewicht c bei i_0/Y_3, in dem das urprüngliche Zinsniveau wieder erreicht werden konnte.

4. Literaturempfehlung

Brunner, Sibylle; Kehrle, Karl (2014): Volkswirtschaftslehre, 3. Auflage, München 2014, S. 617–620.

Aufgabe 61: Marktversagen

Wissen, Verstehen
Bearbeitungszeit: 60 Minuten

1. Aufgabenstellung

In einem Aufsatz lesen Sie folgenden Text:

„Aufgabe der Wirtschaftspolitik ist es unter anderem, für die einwandfreie Funktionsfähigkeit der Märkte zu sorgen und Ineffizienzen auf Märkten möglichst gering zu halten. Als Referenzrahmen dient das Modell der vollständigen Konkurrenz, dem zahlreiche Prämissen zugrunde liegen, etwa Annahmen wie die atomistische Angebots- und Nachfragestruktur, die Homogenität der Güter, die unbegrenzte Mobilität von Produktionsfaktoren und Gütern, ihre unbegrenzte Teilbarkeit und die vollständige Markttransparenz. Marktversagen durch externe Effekte, Informationsmängel und Marktmacht sind nur einige Fälle, in denen die Wirtschaftspolitik Maßnahmen zur Effizienzverbesserung ergreifen sollte."
    Quelle: Bleich, T. (2011): Unisex-Tarife und Versicherungsprämien. In: wisu – das wirtschaftsstudium 08–09/11, Bd. 4., S. 1076 ff.

(a) Erklären Sie das Problem der *negativen externen Effekte* und erläutern Sie kurz drei Möglichkeiten, durch welche Maßnahmen die Wirtschaftspolitik diese Form des Marktversagens abmildern oder sogar beseitigen kann.

(b) Als andere Form des Marktversagens werden in dem Text *Informationsmängel* (asymmetrische Informationen) genannt. Darunter fallen die beiden Formen *Qualitätsunkenntnis* und *verborgene Handlungen*. Erklären Sie diese beiden Formen des Marktversagens und erläutern Sie auch hier geeignete Möglichkeiten, die das Marktversagen abmildern oder beseitigen können.

(c) Zu einem Marktversagen kommt es auch bei *öffentlichen Gütern*. Grenzen Sie öffentliche Güter von privaten Gütern ab; erklären Sie, warum es bei öffentlichen Gütern zu einem Marktversagen kommt und was der Staat zur Beseitigung dieses Marktversagens tun kann.

2. Lösung

(a) Zur Erklärung des negativen externen Effekts wird beispielhaft die Stromproduktion in einem Kohlekraftwerk betrachtet. Die Stromherstellung verursacht bei dem
Produzenten Kosten (z. B. für Personal, Kohle etc.); dies sind die privaten Grenzkosten (PGK). Die Stromproduktion verursacht darüber hinaus allerdings auch
einen Schaden bei unbeteiligten Dritten durch den Schadstoffausstoß des Koh-
lekraftwerks; dieser Schaden wird in dem Preis-Mengen-Diagramm in Form der
Kurve der externen Grenzkosten (EGK) deutlich. Insgesamt entstehen der Volkswirtschaft durch die Stromproduktion also Kosten in Höhe der Summe der privaten Grenzkosten (PGK) und der externen Grenzkosten (EGK), die in der Kurve
der so genannten sozialen Grenzkosten (SGK) zum Ausdruck kommen. Sofern der
Staat nicht in den Markt eingreift, wird der Hersteller in seinem Angebotskalkül
allerdings lediglich die privaten Grenzkosten (PGK) berücksichtigen. Damit ergibt
sich im Schnittpunkt der Kurve der privaten Grenzkosten (PGK) und der Nachfragekurve (D) ein Marktgleichgewicht mit dem Gleichgewichtspreis P_{Markt} und
der Gleichgewichtsmenge Q_{Markt}. Dieses Marktgleichgewicht lässt allerdings den
Schaden bei den unbeteiligten Dritten unberücksichtigt. Unter Einbeziehung aller Kosten, also sowohl der privaten Grenzkosten (PGK) des Produzenten als auch
des in den externen Grenzkosten (EGK) zum Ausdruck kommenden Schadens bei
unbeteiligten Dritten, ergibt sich als volkswirtschaftliches Optimum der Schnitt-

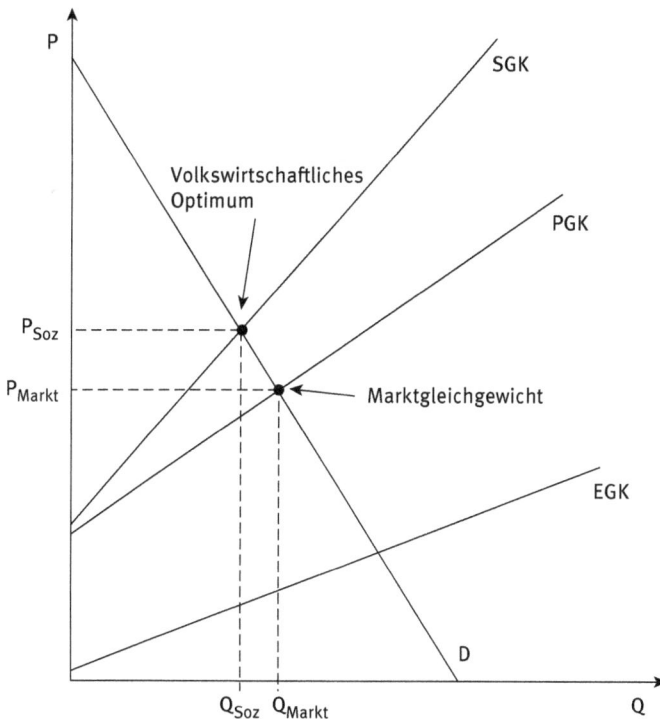

punkt zwischen der Kurve der sozialen Grenzkosten (SGK) und der Nachfragekurve (D); hier wären dann der Preis P_{Soz} und die Menge Q_{Soz} relevant. Anders ausgedrückt: Beim Marktgleichgewicht, bei dem nur die privaten Kosten des Anbieters berücksichtigt werden, ist der Preis niedriger und die Menge größer als beim volkswirtschaftlichen Optimum, bei dem sämtliche Kosten Eingang finden.

Die nachfolgend erläuterten Maßnahmen führen dazu, dass anstatt des Marktgleichgewichts das volkswirtschaftliche Optimum realisiert wird.

(i) Der Staat könnte eine so genannte Pigou-Steuer einführen. Mit einer solchen Abgabe würde der Staat entweder die Emission selbst oder das schadenverursachende Produkt exakt so besteuern, dass der Stromproduzent genau die volkswirtschaftlich optimale Menge Q_{Soz} produziert. Die Pigou-Steuer hat also keine fiskalische Zielsetzung, sondern ist eine reine Lenkungssteuer.

(ii) Der Staat könnte handelbare Verschmutzungsrechte ausgeben. Die Gesamtemission des Schadstoffs kann gedeckelt werden, indem nur eine bestimmte Gesamtmenge an Verschmutzungszertifikaten ausgegeben wird. Unabhängig davon, wie der Staat diese Verschmutzungsrechte in Umlauf bringt (Versteigerung, Verkauf, Grandfathering etc.), wird es durch die Handelbarkeit der Zertifikate dazu kommen, dass derjenige Schadensverursacher die Emission vermeidet, der dies am kostengünstigsten kann. Insgesamt ist die Zertifikatelösung also einerseits treffsicher, andererseits auch ein effizientes Instrument zur Internalisierung eines externen Effekts.

(iii) Nach dem Coase-Theorem ist eine Internalisierung des externen Effekts auch möglich, wenn Schädiger und Geschädigter miteinander in Verhandlungen eintreten. Eine solche Verhandlung wird zur Internalisierung des externen Effekts führen. Es spielt dabei keine Rolle, ob der Staat festgelegt hat, dass der Schädiger für die Schädigung haften muss oder dass der Geschädigte die Schädigung hinnehmen muss. Für die Funktionsweise der Verhandlungslösung ist es allerdings relevant, dass der Staat die Rechtslage eindeutig festgelegt hat und die Rechte einklagbar sind. Unterstellt man beispielsweise, dass der Stromproduzent für die von ihm verursachten Schäden haften muss, kann er mit dem Geschädigten verhandeln und diesem für die erlittene Schädigung eine Kompensationsleistung anbieten. Der Geschädigte wird eine Schädigung dann solange akzeptieren, wie die Kosten der Schädigung geringer sind als die Kompensationszahlung des Schädigers. Sind die Transaktionskosten solcher Verhandlungen nicht zu hoch, kann das volkswirtschaftliche Optimum auf diesem Wege erreicht werden.

(b) Um ein Marktversagen durch Qualitätsunkenntnis zu erläutern, gehen wir davon aus, dass es auf einem Markt drei unterschiedliche Qualitätsstufen eines Produktes gibt. Zunächst sei angenommen, dass sowohl Anbieter als auch Nachfrager die Qualität des Produktes genau erkennen können. Der Markt würde dann einwandfrei funktionieren, denn die Nachfrager würden mit zunehmender Qualität des Produktes eine höhere Zahlungsbereitschaft signalisieren. Die Folge wäre, dass hohe Qualität zu einem hohen Preis, mittlere Qualität zu einem mittleren Preis und niedrige Qualität zu einem niedrigen Preis gehandelt würde. Nun sei abweichend davon ausgegangen, dass die Anbieter die Qualität eines Produkts genau kennen, während die Nachfrager die Qualität eines Produktes nicht genau einzuschätzen können. Die Nachfrager werden aufgrund ihrer Qualitätsunkenntnis nur eine Zahlungsbereitschaft signalisieren, die der zu erwartenden Durchschnittsqualität entspricht. Die Folge wäre, dass die Anbieter hoher Qualität ihr Angebot zurückziehen müssten, wenn sie keine Verluste machen wollen. In der Folge bricht der Markt für gute Qualität zusammen. Nun wird nur noch die mittlere und sie schlechte Qualität gehandelt. Die Nachfrager werden ihre Zahlungsbereitschaft jetzt am Durchschnitt der zu erwartenden Qualität, die zwischen mittlerer und schlechter Qualität liegt, orientieren. Jetzt werden auch die Anbieter mittlerer Qualität ihr Angebot zurückziehen, denn die signalisierte Zahlungsbereitschaft der Nachfrager reicht nicht mehr aus, um ohne Verluste mittlere Qualität anzubieten. Es verbleibt letztlich nur die schlechte Qualität am Markt. Es kommt zur so genannten Negativauslese (Adverse Selektion), der Markt für bessere Qualitäten ist vollkommen zusammen gebrochen.

Es wäre grundsätzlich ebenso denkbar, dass eine Informationsasymmetrie zu Lasten der Anbieter vorliegt; die Folge wäre auch ein Marktversagen in Form der Negativauslese. Reduziert werden kann das Problem der Negativauslese einerseits durch das „Screening"; das bedeutet, dass die schlechter informierte Marktseite die Qualität des Gutes genau prüft bzw. einen sachkundigen Dritten damit beauftragt. Eine andere Möglichkeit stellt das „Signalling" dar, bei dem die besser informierte Marktseite glaubwürdige Informationen über die hohe Qualität ihrer Güter bereit stellt; dies kann beispielsweise über den (kostspieligen) Aufbau von Reputation oder durch Garantieversprechen erfolgen.

Zu einem Marktversagen in Folge verborgener Handlungen kommt es, wenn eine Marktseite nach Abschluss eines Vertrages transaktionsrelevante Fakten verändert und dies von der anderen Marktseite nicht beobachtet werden kann. Typisch ist diese Konstellation beispielsweise für Versicherungsverträge. Es besteht hier ein moralisches Risiko (Moral Hazard) in der Form, dass einige Versicherte aus der Versichertengemeinschaft den Versicherungsfall durch nicht vertragskonforme Handlungen herbeiführen. Dieses vertragswidrige Verhalten kann vom Versicherer jedoch nicht so leicht erkannt werden. Die Folge ist in diesem Fall ebenfalls eine Negativauslese. Der Grund hierfür ist, dass der Versicherer die Beiträge zur Versicherung anhand des durchschnittlichen Schadensniveaus berechnen wird. Für Versicherte, die sich nicht vertragswidrig verhalten haben und somit eigentlich als „gute Risiken" aus Sicht der Versicherung gelten, ist der Beitrag zur Versicherung nun unangemessen hoch. Sie werden die Versicherung deshalb kündigen. Diejenigen hingegen, die sich vertragswidrig verhalten haben und deshalb aus Sicht der Versicherung eigentlich „schlechte Risiken" sind, verbleiben in der Versichertengemeinschaft. Die „guten Risiken" sind nun unversichert. Insofern ist auch hier ist der Markt für die hohe Qualität – die vertragstreuen Kunden – zusammengebrochen. Zur Abmilderung dieses Marktversagens kommen ebenfalls das Screening und das Signalling in Betracht. Unter das Signalling fällt beispielsweise die Akzeptanz eines Tarifs mit Selbstbehalt oder mit Schadensfreiheitsrabatt durch den Versicherungsnehmer als glaubwürdiges Signal dafür, dass er ein „gutes Risiko" für die Versicherung darstellt.

(c) Es existieren vier unterschiedliche Kategorien von Gütern: private Güter, Klubgüter, Allmendegüter und öffentliche Güter. Entscheidend dafür, welcher Kategorie ein Gut zuzurechnen ist, ist die Frage, ob ein Gut einerseits die Eigenschaft der Ausschließbarkeit oder der Nichtausschließbarkeit aufweist und andererseits ob bei einem Gut Rivalität im Konsum oder Nichtrivalität im Konsum vorliegt.

Ausschließbarkeit liegt vor, wenn Personen vom Konsum eines Gutes ausgeschlossen werden können; Nichtausschließbarkeit liegt hingegen vor, wenn Personen nicht vom Konsum eines Gutes ausgeschlossen werden können.

Rivalität im Konsum bedeutet, dass die Nutzung eines Gutes durch eine Person den gleichzeitigen Konsum desselben Gutes durch andere Personen verhindert oder zumindest einschränkt. Nichtrivalität im Konsum bedeutet hingegen, dass die Nutzung eines Gutes durch eine Person den gleichzeitigen Konsum desselben Gutes durch andere Personen in keiner Weise beeinträchtigt.

Die vier Kategorien von Gütern lassen sich anhand der beiden erläuterten Kriterien in folgender Weise voneinander abgrenzen:

	Ausschließbarkeit	Nichtausschließbarkeit
Rivalität im Konsum	Private Güter	Allmendegüter
Nichtrivalität im Konsum	Klubgüter	Öffentliche Güter

Private Güter weisen sowohl Ausschließbarkeit als auch Rivalität im Konsum auf. Ein Beispiel für ein privates Gut ist ein Kuchenstück. Wer für das Kuchenstück nicht bezahlt, kann vom Konditor problemlos vom Konsum ausgeschlossen werden. Außerdem kann dasselbe Kuchenstück nur von einer Person gegessen werden; der Konsum einer Person verhindert also den Konsum durch weitere Personen. In diese Kategorie fallen die allermeisten Güter, und aufgrund des Vorliegens der beiden Eigenschaften funktioniert der Markt einwandfrei.

Öffentliche Güter weisen hingen Nichtausschließbarkeit und Nichtrivalität im Konsum auf. Ein Beispiel hierfür ist ein Leuchtfeuer eines Leuchtturms. Niemand kann von der Nutzung des Leuchtfeuers eines Leuchtturms ausgeschlossen werden, auch dann nicht, wenn er die Zahlung verweigert. Außerdem wird die Nutzung des Leuchtfeuers durch eine Person nicht die Nutzung durch eine andere Person in irgendeiner Weise beeinträchtigen. Hier wird der Markt nicht funktionieren, denn jeder Konsument wird aufgrund der Eigenschaften des Gutes die Zahlung verweigern und hoffen, dass die anderen Konsumenten zahlen. Alle Konsumenten werden sich schließlich als Trittbrettfahrer verhalten, niemand signalisiert eine Zahlungsbereitschaft. In der Konsequenz wird kein privater Anbieter dieses eigentlich Nutzen stiftende Gut herstellen. Die Folge daraus ist, dass der Staat selbst öffentliche Güter bereitstellen muss; eine Finanzierung muss folglich über eine wie auch immer ausgestaltete Besteuerung der Nutzer des Gutes oder der Allgemeinheit erfolgen.

Neben den privaten Gütern und den öffentlichen Gütern gibt es mit Klubgütern und Allmendegütern noch zwei weitere Güterkategorien, deren Erläuterung in der Aufgabestellung nicht gefordert ist. Es könnte aber sinnvoll sein, eigene Überlegungen anzustellen oder in der Literatur nachzulesen, inwieweit ein Marktversagen bei diesen Mischgütern auftreten kann.

3. Hinweise zur Lösung

Verdeutlichen Sie sich bei allen drei Aufgabenteilen zunächst, worin Abweichungen zum Referenzmodell der vollständigen Konkurrenz bestehen! Begründen Sie, wieso dies zu einem Marktversagen führt und weshalb der Staat eingreifen sollte!

Achten Sie bei dieser recht offen gestellten Aufgabe darauf, dass Ihre Ausführungen für den Leser nachvollziehbar sind und dass Sie nichts Wichtiges vergessen haben!

4. Literaturempfehlung

Fritsch, Michael (2014): Marktversagen und Wirtschaftspolitik, 9. Auflage, München 2014, S. 80–137 und S. 245–286.
Krugman, Paul; Wells, Robin (2010): Volkswirtschaftslehre, Stuttgart 2010, S. 621–633.
Pindyck, Robert S.; Rubinfeld, Daniel L. (2013): Mikroökonomie, 8. Auflage, München et al. 2013, S. 843–877 und S. 884–906.

Aufgabe 62: Subventionen

Bewerten
Bearbeitungszeit: 7 Minuten

1. Aufgabenstellung

Finanzielle Hilfen mit öffentlichen Mitteln, seien sie direkter oder indirekter Art, welche ohne unmittelbare Gegenleistung an private Haushalte und private Unternehmen gewährt werden, bezeichnet man als Subventionen.

(a) Erläutern Sie, warum die meisten Ökonomen eine Zahlung von Subventionen aus grundsätzlichen Erwägungen heraus ablehnen.

(b) Warum ist die Zahlung von Wohngeld oder Bafög eine Subvention, die aber meist weniger problematisch gesehen wird als direkte Zahlungen an private Haushalte oder Unternehmen?

2. Lösung

(a) Verzerrung des Wettbewerbs: Es erfolgt eine künstliche Bevorzugung eines Wettbewerbers;
    Es kommt zu sog. Allokationsverzerrung (Subventionen verhindern, dass veraltete Industrien absterben und moderne Industrien wachsen können).
    Hoher Steuerungsbedarf: Hohe Subventionsausgaben in Deutschland sind dafür mitverantwortlich, dass dem Staat Mittel für seine Kernaufgaben (Bildung, Infrastruktur, Sicherheit, Rechtsprechung) fehlen.
(b) Die genannten Subventionen stellen sog. personenbezogene Einkommenstransfers dar, die nicht oder kaum die Marktpreise für Güter oder Produktionsfaktoren beeinflussen. Damit werden keine oder nur geringe Fehlanreize gesetzt, verglichen mit Preissubventionen, die das Angebot künstlich erhöhen (z. B. Überproduktion in der Landwirtschaft) oder die Nachfrage künstlich erhöhen (z. B. Abwrackprämien).

3. Hinweise zur Lösung

Die Zahlung von Subventionen führt entweder auf der Angebots- oder auf der Nachfrageseite zu Ergebnissen, die zwar politisch gewünscht sind, aber nicht dem Markergebnis entsprechen, bzw. die Knappheitsverhältnisse der Produktionsfaktoren in einer Volkswirtschaft nicht widerspiegeln.

Die Hauptproblematik von Subventionen liegt darin, dass sie vergleichsweise leicht eingeführt werden können, aber nur schwer wieder abzuschaffen sind und häufig weitere wirtschaftspolitische Maßnahmen nach sich ziehen. Die Begründungen für Subventionen sind meist wählergruppenbezogen. Erfolgskontrollen sind eher selten anzutreffen oder politisch gar nicht gewollt.

4. Literaturempfehlung

Alfred Boss, Henning Klodt et al. (2011): Haushaltskonsolidierung und Subventionsabbau: Wie der Staat seine Handlungsfähigkeit zurückgewinnen kann, Kieler Beiträge zur Wirtschaftspolitik, Nr. 3, Kiel 2011.
Bundesministerium der Finanzen (2013): 24. Subventionsbericht der Bundesregierung, Berlin 2013.

Aufgabe 63: Lohnfindung

Wissen, Verstehen
Bearbeitungszeit: 15 Minuten

---

1. Aufgabenstellung

(a) Was versteht man unter den Begriffen „Tarifparteien" und „Tarifautonomie" in Deutschland?

(b) Welche wirtschaftspolitische Konzeption verlangt, die Lohnstruktur sowie das Lohnniveau von der Arbeitsproduktivität abhängig zu machen? Nennen Sie zwei konkrete Beispiele (etwa verschiedene Berufe oder innerhalb eines Berufsstandes), anhand derer man sehen kann, dass die Lohnhöhe von deren Arbeitsproduktivität abhängig gemacht wird.

(c) Welchen Lohnzuwachs vereinbaren die Tarifparteien: Zuwächse beim Bruttolohn oder beim Nettolohn?

2. Lösung

(a) Die Tarifpartner in Deutschland sind auf der einen Seite die Arbeitgeberverbände (auch einzelne Arbeitgeber), die die Interessen ihrer Mitgliedsunternehmen vertreten. Auf der anderen Seite stehen die Gewerkschaften, die die Interessen ihrer Mitglieder (also der Arbeitnehmerseite) vertreten. Beide Parteien schließen im Rahmen von Tarifverhandlungen einen Vertrag etwa zur Festlegung von arbeitsrechtlichen Normen. Von ökonomischem Interesse sind hier vor allem die Vereinbarungen über die Lohnzuwächse. Tarifautonomie bedeutet, dass die Parteien bei der Findung ihrer Arbeits- und Wirtschaftsbedingungen autonom sind, d. h. unabhängig von staatlicher Einflussnahme.

(b) Angebotstheorie (insb. *supply-side-economics*): Das Konzept verlangt die Ausdifferenzierung der Lohnstruktur nach Arbeitsproduktivitäten, weil damit der Beitrag der Arbeitnehmer zur Wertschöpfung des Unternehmens kategorisiert werden kann. Dies erfolgt in Abhängigkeit etwa nach Sektoren, Branchen, Regionen und Qualifizierung der Arbeitnehmer.

Beispielsweise sollte eine Friseurin, die 15 Menschen am Tag die Haare schneidet und zusätzlich teure Dienstleistungen wie Haarverlängerungen erfolgreich an die Frau bringt, ein höheres Einkommen erzielen als eine Friseurin, die lediglich 6 Menschen am Tag die Haare schneiden kann, weil sie zwischen jedem Haarschnitt 30 Minuten Pause macht. Ebenso könnte erwartet werden, dass eine Friseurin im hochpreisigen München eine höhere Wertschöpfung liefert und damit einen höheren Lohn erwirtschaftet als eine Kollegin in einer abgelegenen Region in Mecklenburg-Vorpommern. Das Konzept lehnt damit einen Einheitstariflohn kategorisch ab.

Ebenso erwirtschaftet ein Manager, der weitreichende Entscheidungen für das Unternehmen trifft und Millionen-Verträge abschließt, eine höhere Arbeitsproduktivität als die Friseurin in München.

(c) Bruttolohn.

3. Hinweise zur Lösung

Bitte denken Sie an folgende Punkte, die oft missverstanden oder falsch gemacht werden: Der entscheidende Punkt bei Tarifverhandlungen stellt dar, dass eine Autonomie zugrunde liegt, die es dem Staat verbietet, über die Zuwächse bei den Löhnen und auch über jeden anderen Diskussionspunkt in anderen Bereichen der Arbeitsregelungen zu entscheiden.

Bitte machen Sie sich auch klar, dass Verhandlungen über den Lohn- oder Gehaltsanstieg bei Bruttoentgelten und nicht bei Nettolöhnen geführt werden. Daher kann es durchaus passieren, dass Ihr Nettolohn nach Tarifabschluss deutlich geringer ausfällt als zuvor. Stellen Sie sich vor, der neue Lohn, bei dem es einen Zuwachs von etwa 2 % gab, gilt ab dem 1. Januar des Folgejahres. Gleichzeitig erhöht aber Ihre Gesetzliche Krankenversicherung die Beiträge, und auch die Beitragssätze für die Gesetzliche Rentenversicherung werden nach oben angepasst. Zudem würde der Solidaritätszuschlag erhöht werden. Alle drei Größen mindern Ihren Bruttolohn. Falls diese Minderungen größer ausfallen als der Nominallohnzuwachs (abzüglich Lohnsteuer), sinkt Ihr monatliches Nettoeinkommen.

4. Literaturempfehlung

Funk, Lothar; Voggenreiter, Dieter; Wesselmann, Carsten (2008): Makroökonomik, 8. Auflage, Stuttgart 2008, Kapitel III.4, S. 103 ff.

Pätzold, Jürgen; Baade, Daniel (2008): Stabilisierungspolitik, 7. Auflage, München 2008, Kapitel 4.2, S. 204 ff.

Altmann, Jörn (2007): Wirtschaftspolitik, 8. Auflage, Stuttgart 2007, Kapitel 3.7.3, S. 107 ff.

Aufgabe 64: Wechselkurspolitik

Verstehen
Bearbeitungszeit: 7 Minuten

1. Aufgabenstellung

(a) Unterstellt, zwischen zwei Ländern (hier: Grünland- und Rotland) bestehen flexible Wechselkurse bei den nationalen Währungen. Wie verändert sich, ceteris paribus, jeweils der Außenwert der grünländischen Währung gegenüber der rotländischen Währung bei den nachfolgend unterstellten Ereignissen (Tabelle)?

Ereignisse	Der Außenwert der Währung in Grünland...	
	steigt	fällt
Die Realzinsen in Grünland steigen.	☐	☐
Die Investitionstätigkeit in Rotland bricht ein.	☐	☐
In Grünland rechnen die Wirtschaftssubjekte mit steigender Inflation.	☐	☐
Die Zentralbank in Grünland lockert die Geldpolitik; die im Umlauf befindliche Geldmenge nimmt zu.	☐	☐
Die Importe aus Rotland nach Grünland nehmen zu.	☐	☐
Grünland importiert mehr Güter aus der Europäischen Union als im Vorjahr.	☐	☐
Mehr europäische Touristen als im Vorjahr besuchen Grünland.	☐	☐
Die grünländischen Exporte nach Rotland nehmen ab.	☐	☐
Die grünländischen Exporte in die Europäischen Union nehmen ab.	☐	☐
An der grünländischen Aktienbörse steigen die Kurse aufgrund einer Nachfragesteigerung durch ausländische Anleger.	☐	☐
Aufgrund einer sehr schlechter Wirtschaftsprognose verkaufen ausländische Anleger die grünländischen Aktien in Panik.	☐	☐

nach Beck, Bernhard (2008): Volkswirtschaft verstehen, 2. Auflage, Zürich 2008; S. 306, z. T. verändert, z. T. ergänzt.

(b) Welche Möglichkeiten hat die Wirtschaftspolitik, den Wechselkurs eines Landes zu beeinflussen? Welches sind mögliche Motive?

2. Lösung

(a)

Ereignisse	Der Außenwert der Währung in Grünland...	
	steigt	fällt
Die Realzinsen in Grünland steigen.	☒	☐
Die Investitionstätigkeit in Rotland bricht ein.	☒	☐
In Grünland rechnen die Wirtschaftssubjekte mit steigender Inflation.	☐	☒
Die Zentralbank in Grünland lockert die Geldpolitik; die im Umlauf befindliche Geldmenge nimmt zu.	☐	☒
Die Importe aus Rotland nach Grünland nehmen zu.	☐	☒
Grünland importiert mehr Güter aus der Europäischen Union als im Vorjahr.	☐	☒
Mehr europäische Touristen als im Vorjahr besuchen Grünland.	☒	☐
Die grünländischen Exporte nach Rotland nehmen ab.	☐	☒
Die grünländischen Exporte in die Europäischen Union nehmen ab.	☐	☒
An der grünländischen Aktienbörse steigen die Kurse aufgrund einer Nachfragesteigerung durch ausländische Anleger.	☒	☐
Aufgrund einer sehr schlechter Wirtschaftsprognose verkaufen ausländische Anleger die grünländischen Aktien in Panik.	☐	☒

(b) Der Staat kann über seine Zentralbank Devisen und Schuldtitel anderer Länder erwerben, um den Kurs zu beeinflussen. Durch Maßnahmen der Kursbeeinflussung kann man sich entweder einen strategischen Vorteil im Außenhandel sichern (z. B. Abwertung der eigenen Währung belebt den Export) oder eine Marktöffnung erzielen (z. B. bei internationalen Verhandlungen über Schuldennachlässe).

3. Hinweise zur Lösung

Unter Wechselkurspolitik versteht man die Beeinflussung von Wechselkursen für die Währung eines Landes oder gegen die Währungen anderer Länder. Damit können verschiedene Ziele verbunden sein, wie z. B. Exportbegünstigungen der heimischen Wirtschaft, protektionistischen Maßnahmen gegenüber Ländern mit Fremdwährungen oder Inflationsbekämpfung (nur bei festen Wechselkursen möglich). Unter den Bedingungen flexibler Wechselkurse sind die Möglichkeiten der Wechselkursbeeinflussung meist nur mit Maßnahmen der Geldpolitik möglich.

4. Literaturempfehlung

Beck, Bernhard (2008): Volkswirtschaft verstehen, 2. Auflage, Zürich 2008; S. 291–302.
Rübel, Gerhard (2012): Außenwirtschaft: Grundlagen der realen und monetären Theorie, München 2013, Kapitel 12.

Aufgabe 65: Protektion (tarifäre und nicht-tarifäre Handelshemmnisse)

Wissen, Anwenden
Bearbeitungszeit: 3 Minuten

1. Aufgabenstellung

Ordnen Sie die nachfolgenden potentiellen protektionistischen Maßnahmen jeweils einer Kategorie zu.

Einführung/Verhängung von	Tarifäre Handelshemmnisse	Nicht-tarifäre Handelshemmnisse
Mengenzölle	☐	☐
Umweltstandards	☐	☐
Anti-Dumping Maßnahmen	☐	☐
Qualitätsvorschriften	☐	☐
Subvention für Exporte	☐	☐
Selbstbeschränkungsabkommen	☐	☐
Wertzölle	☐	☐
Einfuhrkontingente	☐	☐

2. Lösung

Einführung/Verhängung von	Tarifäre Handelshemmnisse	Nicht-tarifäre Handelshemmnisse
Mengenzölle	×	
Umweltstandards		×
Anti-Dumping Maßnahmen		×
Qualitätsvorschriften		×
Subvention für Exporte	×	
Selbstbeschränkungsabkommen		×
Wertzölle	×	
Einfuhrkontingente		×

3. Hinweise zur Lösung

Protektionistische Maßnahmen zeigen sich in vielerlei Gestalt und wirken so auch als Handelshemmnis beim internationalen Waren- und Dienstleistungshandel. Während tarifäre Handelshemmnisse eher als offene Formen der Protektion einzuordnen sind, stellen nicht-tarifäre Maßnahmen eher eine verdeckte Form des Schutzes der heimischen Wirtschaft da. Zu den tarifären Handelshemmnissen zahlen vor allem Zölle (die wie Sondersteuern auf ausländische Güter wirken), Exportsubventionen oder Mindestpreisverordnungen. Bei den nicht-tarifären Handelshemmnissen geht es oft um bestimmte Qualitätsnormen, wie technische Vorschriften, oder Umweltstandards (die von anderen Ländern kaum einzuhalten sind) oder auch sog. Selbstbeschränkungsmaßnahmen (Länder verzichten aus politischen Gründen auf bestimmte Exporte).

4. Literaturempfehlung

Lorz, Oliver; Siebert, Horst (2014): Außenwirtschaft, 9. Auflage, Konstanz 2014, S. 177–200.
Krugman, Paul R.; Obstfeld, Maurice (2015): Internationale Wirtschaft – Theorie und Politik der Außenwirtschaft, 10. Auflage, München 2015, Kapitel 9.

Aufgabe 66: Zollanalyse im Partialmodell

Verstehen, Anwenden
Bearbeitungszeit: 14 Minuten

1. Aufgabenstellung

Auf dem heimischen Markt herrscht ein Marktgleichgewicht für Kraftfahrzeuge der Unterklasse von 8.000 Euro. Der Weltmarktpreis beträgt aber nur 4.000 Euro. Nun versucht der Staat, den deutschen Herstellen zu helfen, indem er bei Importen auf den

Weltmarktpreis einen Zoll in Höhe von 50 % berechnet. Stellen Sie die nachfolgenden Situationen graphisch dar und bestimmen Sie die entsprechenden Flächen für

(a) Wohlfahrtsverlust durch die Zolleinführung;

(b) Aus dem Zoll entstehende Zolleinnahmen des Staates.

2. Lösung

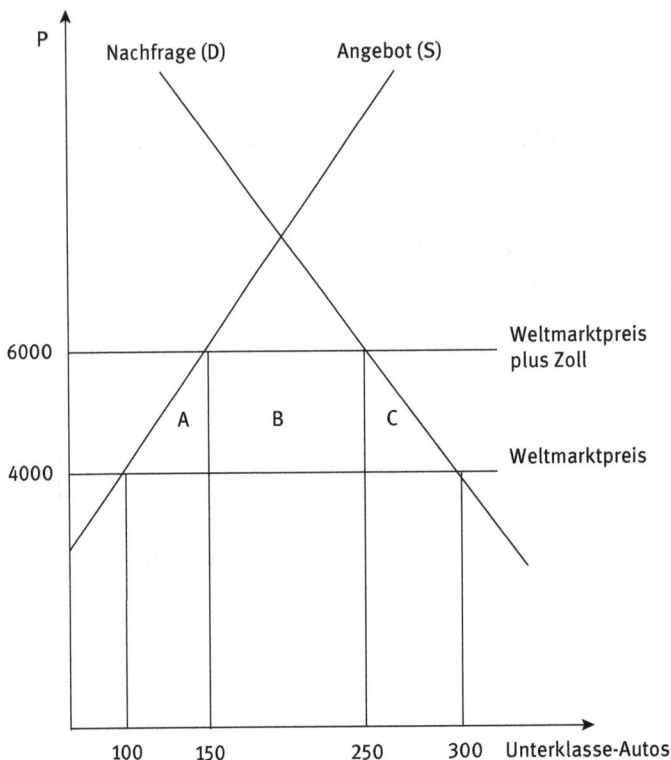

Graphik-Quelle: Samuelson, Paul A.; Nordhaus, William D. (2005): Volkswirtschaftslehre; 18. Auflage, Landsberg am Lech 2005, S. 438; z. T. verändert, z. T. ergänzt

(a) A + C = Wohlfahrtsverlust

A = Wohlfahrtsverlust aus ineffizienter Überproduktion

C = Wohlfahrtsverlust als Nettoverlust an Konsumentenrente durch überhöhten Preis (im Vergleich zum Weltmarktpreis)

(b) B = Zolleinnahmen des Staates bzw. der Zollertrag, den der Staat einzieht. Er entspricht der Höhe des Zolls multipliziert mit den importierten Einheiten.

3. Hinweise zur Lösung

Die Zollpolitik der Länder verfolgt meist verschiedene Ziele. Zum einen kann es darum gehen, die außenwirtschaftlichen Beziehungen zu beeinflussen, zum anderen die Staatseinnahmen zu erhöhen. Letztgenanntes Ziel spielt in Industrieländern meist keine zentrale Rolle mehr. Liberal orientierte Wirtschaftspolitiker raten eher zu Zollsenkungen oder zur vollständigen Abschaffung, weil es sich um ein diskriminierendes Verhalten gegenüber anderen Ländern handeln kann. Diese Politik der Senkung des allg. Zollniveaus vertritt auch die Welthandelsorganisation WTO.

Ferner streben Länder, die Probleme haben, sich mit ihren Güterangeboten im internationalen Wettbewerb zu behaupten (wettbewerbsfähig zu sein auf Exportmärkten), tendenziell eher ein hohes Zollschutzniveau an.

4. Literaturempfehlungen

Mankiw, N. Gregory; Taylor, Mark P. (2012): Grundzüge der Volkswirtschaftslehre, 5. Auflage, Stuttgart 2012, S. 28–30 und S. 220–230.
Samuelson, Paul A.; Nordhaus, William D. (2005): Volkswirtschaftslehre; 18. Auflage, Landsberg am Lech 2005, S. 432–446.

Aufgabe 67: Zahlungsbilanz

Wissen, Verstehen
Bearbeitungszeit: 25 Minuten

1. Aufgabenstellung

Die Zahlungsbilanz Deutschlands weist seit vielen Jahren einen Überschuss in der Leistungsbilanz und ein Defizit in der Kapitalbilanz auf.
(a) Geben Sie einen Überblick über die Zahlungsbilanz mit ihren Teilbilanzen!
(b) Erklären Sie, wieso ein Leistungsbilanzüberschuss zwingend mit einem Kapitalabfluss bzw. ein Leistungsbilanzdefizit notwendigerweise mit einem Kapitalzufluss (bei jeweils ausgeglichener Devisenbilanz und ausgeglichener Bilanz der Vermögensübertragungen) verbunden sind!
(c) Nehmen Sie Stellung zu der Aussage: „Würde die Welt als ein Land gesehen werden, wäre die Leistungsbilanz stets ausgeglichen"!
(d) Ist es positiv oder negativ zu bewerten, wenn ein Land einen Leistungsbilanzüberschuss hat?
(e) Recherchieren Sie im Internet, wie groß der deutsche Exportüberschuss im vergangenen Jahr absolut und relativ zum BIP gewesen ist und wie sich dieser in den letzten Jahren entwickelt hat. Hat die EU ebenfalls einen positiven Außenbeitrag? Schauen Sie sich anschließend die Kapitalbilanz Deutschlands und die der EU an! Wie sieht die Situation in anderen Ländern aus?

2. Lösung

(a) Die Zahlungsbilanz ist ein gesamtwirtschaftliches Rechnungssystem, in dem für eine bestimmte Periode alle ökonomischen Transaktionen zwischen In- und Ausländern systematisch nach bestimmten Kriterien aufgegliedert werden. Die Zahlungsbilanz als Ganzes ist stets ausgeglichen, sie besteht aus mehreren Teilbilanzen, die jeweils einen Überschuss oder ein Defizit aufweisen können. Diese Teilbilanzen sind die Leistungsbilanz, die Bilanz der Vermögensübertragungen, die Kapitalbilanz sowie die Devisenbilanz.

In der Leistungsbilanz werden der Export und der Import von Gütern und Dienstleistungen, empfangene und geleistete Erwerbs- und Vermögenseinkommen sowie empfangene und geleistete laufende Übertragungen (regelmäßige unentgeltliche Übertragungen, die keine vermögenswirksamen Transaktionen sind) erfasst.

In der Bilanz der Vermögensübertragungen werden empfangene und geleistete Vermögensübertragungen erfasst. Es handelt sich dabei um unregelmäßige, nicht geschäftsmäßige vermögenswirksame Transaktionen wie beispielsweise einen Schuldenerlass eines Industrielands gegenüber einem Entwicklungsland.

In der Kapitalbilanz werden Transaktionen zwischen In- und Ausländern in Bezug auf Direktinvestitionen, Wertpapieranlagen und Kreditverkehr erfasst.

Die Devisenbilanz erfasst Devisentransaktionen der Zentralbank. Bei flexiblen Wechselkursen ist der Saldo der Devisenbilanz normalerweise gleich null, denn die Zentralbank führt in diesem Fall in der Regel keine Devisenmarktinterventionen durch.

(b) Wie bereits in Aufgabenteil (a) erwähnt, ist die Zahlungsbilanz als Ganzes stets ausgeglichen und weist damit einen Nullsaldo auf. Unterstellt man nun, dass der Devisenbilanzsaldo und der Saldo der Bilanz der Vermögensübertragungen gleich null sind, so wird eine überschüssige Leistungsbilanz (mehr Exporte als Importe) durch eine defizitäre Kapitalbilanz (mehr Kapitalexporte als Kapitalimporte) ausgeglichen. Anders ausgedrückt: Ein Exportüberschuss eines Landes hat zur Konsequenz, dass die Forderungen des Inlands gegenüber dem Ausland zugenommen haben. Umgekehrt gilt, dass eine defizitäre Leistungsbilanz durch eine überschüssige Kapitalbilanz ausgeglichen wird. Anders ausgedrückt: Ein Importüberschuss eines Landes hat zur Konsequenz, dass die Verbindlichkeiten des Inlands gegenüber dem Ausland zugenommen haben.

(c) Weltweit müssen sich Exporte und Importe von Gütern und Dienstleistungen, empfangenen und geleisteten Erwerbs- und Vermögenseinkommen sowie empfangenen und geleisteten laufenden Übertragungen jeweils ausgleichen. Anders formuliert: Wenn einige Länder mehr exportieren als importieren, muss es auf der anderen Seite auch Länder geben, die in gleichem Umfang mehr importieren als exportieren. Wenn einige Länder mehr Erwerbs- und Vermögenseinkommen vom Ausland empfangen als sie dorthin leisten, muss es auf der anderen Seite auch

Länder geben, die in gleichem Umfang mehr Erwerbs- und Vermögenseinkommen an das Ausland leisten als sie von dort empfangen. Und wenn einige Länder mehr laufende Übertragungen vom Ausland empfangen als sie dorthin leisten, muss es auf der anderen Seite auch Länder geben, die in gleichem Umfang mehr laufende Übertragungen an das Ausland leisten als sie von dort empfangen. Dies ist der Grund dafür, dass die Welt als Ganzes eine ausgeglichene Leistungsbilanz aufweist.

(d) Die Frage kann nicht eindeutig beantwortet werden, denn es gibt sowohl positive als auch negative Aspekte.

Positive Aspekte eines Leistungsbilanzüberschusses:

- Soweit der Leistungsbilanzsaldo daraus resultiert, dass das Land mehr Güter in das Ausland exportiert als von dort importiert werden, spricht dies dafür, dass das Land im Vergleich zum Ausland eine hohe Wettbewerbsfähigkeit aufweist; das Preis-Leistungs-Verhältnis der in diesem Land produzierten Güter kann als vergleichsweise gut angesehen werden.
- Wenn das Ausland beim Inland mehr Güter nachfragt als umgekehrt, wirkt sich dies im Inland positiv aus auf Konjunktur, Wachstum und Beschäftigung.

Negative Aspekte eines Leistungsbilanzüberschusses:

- Das Land mit dem Exportüberschuss ist in hohem Maße von Ländern abhängig, die die Güter dieses Landes nachfragen. Bricht die Nachfrage im Ausland ein, wirkt sich dies im Inland negativ aus auf Konjunktur, Wachstum und Beschäftigung.
- Das Land mit dem Leistungsbilanzüberschuss begibt sich in eine möglicherweise riskante Gläubigerposition gegenüber dem Ausland.
- Das Land mit dem Exportüberschuss „lebt unter seinen Verhältnissen", denn es produziert mehr Güter als es selbst verwendet.

(e) Zur Recherche eignen sich beispielsweise die im Internet verfügbaren statistischen Datenbanken des Statistischen Bundesamts, der Deutschen Bundesbank, des Statistischen Amts der Europäischen Union (Eurostat), der Europäischen Zentralbank, der Organisation für wirtschaftliche Zusammenarbeit und Entwicklung (OECD), des Internationalen Währungsfonds (IMF).

3. Hinweise zur Lösung

Zum Verständnis der Zusammenhänge in der Zahlungsbilanz ist es sinnvoll, sich die aktuelle Zahlungsbilanz Deutschlands (und anderer Länder) anzusehen. Diese finden Sie beispielsweise auf den Internetseiten der Deutschen Bundesbank, der EZB und des Statistischen Bundesamtes. Erkennen Sie dort den im Aufgabenteil (b) beschriebenen Zusammenhang, dass sich die Leistungsbilanz und die Kapitalbilanz spiegelbildlich zueinander verhalten? Woran liegt es, dass in der deutschen Zahlungsbilanz in der Realität der Leistungsbilanzüberschuss betragsmäßig nicht exakt dem Kapitalbilanzdefizit entspricht?

4. Literaturempfehlung

Clement, Reiner; Terlau, Wiltrud; Kiy, Manfred (2013): Angewandte Makroökonomie, 5. Auflage, München 2013, S. 594–604.
Krugman, Paul; Wells, Robin (2010): Volkswirtschaftslehre, Stuttgart 2010, S. 1107–1116.

Aufgabe 68: Leistungsbilanz, Sparen und Wachstum

Verstehen, Anwenden, Bewerten
Bearbeitungszeit: 20 Minuten

1. Aufgabenstellung

(a) Diskutieren Sie vor dem Hintergrund der Identität $S = I$, warum hieraus Probleme für die Entwicklung bzw. das Wachstum eines Landes entstehen können, und welche Chancen sich für eine offene Volkswirtschaft eröffnen.

(b) Schildern Sie kurz die Gefahren, die durch ein Leistungsbilanzdefizit entstehen können. Gehen Sie hier bitte auf die internationale Vermögensposition eines Landes ein.

(c) Könnte die Abwertung der heimischen Währung helfen, ein Leistungsbilanzdefizit abzubauen? Nennen Sie mögliche Kausalketten.

2. Lösung

(a) Die Identität $S = I$ gilt für eine geschlossene Volkswirtschaft und bedeutet, dass das Sparvolumen einer Volkswirtschaft (private Ersparnis der Haushalte und öffentliche Ersparnis des Staates) der Investitionssumme der Unternehmen entsprechen muss. Die Investitionstätigkeit einer Volkswirtschaft ist demnach von den Sparentscheidungen der beiden Akteure abhängig.
Spartätigkeit und Investitionstätigkeit bilden zentrale Voraussetzungen für das Wachstum eines Landes, weil sie den Kapitalstock und damit die Produktions- und Konsummöglichkeiten in der Zukunft erhöhen. Probleme können daher vor allem für Entwicklungsländer entstehen, deren Kapitalmärkte kaum entwickelt sind und in denen eine Spartätigkeit aufgrund sehr geringer Einkommen der Privathaushalte fast unmöglich erscheint. Ein dadurch äußerst geringes Sparvolumen verhindert wichtige Investitionen (etwa in den Bereichen Infrastruktur und Bildung), was sich wachstumshemmend auswirkt.
Für eine offene Volkswirtschaft entsteht nun die Möglichkeit, die dringend benötigten Investitionen mit Mitteln aus dem Ausland zu finanzieren, da sie auf den ausländischen Kapitalmärkten Kapital aufnehmen können. Aus der Identität Leistungsbilanzsaldo = $S - I$ würde ein Kapitalbilanzüberschuss (und damit ein Leistungsbilanzdefizit) resultieren, da I die Größe S übersteigen würde. Ein Defi-

zit in der Leistungsbilanz ist damit nicht unbedingt negativ zu werten. Gerade für unterentwickelte Länder ergäbe sich in intertemporaler Hinsicht die Möglichkeit einer stärkeren wirtschaftlichen Entwicklung. So könnten auch Investitionsgüter wie Maschinen importiert werden, um die Produktivität etwa im landwirtschaftlichen Sektor zu erhöhen. Das Resultat hieraus wäre ein Leistungsbilanzdefizit, verbunden mit einem Kapitalbilanzüberschuss.

(b) Ein Leistungsbilanzdefizit bedeutet, dass die Kapitalbilanz aufgrund der Saldenmechanik einen Überschuss aufweisen muss. Ein Land importiert per Saldo Kapital, und der Nettokapitalzufluss ist damit positiv. Dies bedeutet aber, dass ausländische Gläubiger dieses Leistungsbilanzdefizit finanzieren, da sich das Land finanzielle Mittel auf den internationalen Kapitalmärkten leiht. Die Folge wäre eine höhere Verschuldung gegenüber dem Ausland. Die internationale Vermögensposition des Landes würde sich verschlechtern, da der Bestand an Auslandsschulden zunimmt.

(c) Durch eine Abwertung der heimischen Währung würden die Exportpreise sinken und die Importpreise steigen. Als Beispiel könnte das US-amerikanische Leistungsbilanzdefizit dienen. Angenommen, der Wechselkurs betrug vor der Abwertung 1\$ = 1 €, so mussten die deutschen Konsumenten 20.000 € für ein aus den USA stammendes Auto im Wert von 20.000 \$ bezahlen. Bei einer Abwertung des US-Dollar auf 1\$ = 0,8 € müssten die deutschen Konsumenten für das gleiche Auto nur noch 16.000 € bezahlen. In der Folge ist anzunehmen, dass die Dollar-Abwertung zu einem Anstieg der US-Exporte führt und gleichzeitig die US-Importe zurückgehen, weil die Importpreise durch die Dollar-Abwertung ansteigen werden. Die Folge wäre ein positiver Effekt auf die Nettoexporte (NX = EX − IM) und damit auf die Leistungsbilanz der USA.

3. Hinweise zur Lösung

Das Kalkül einer intertemporalen Zahlungsbilanz ist kein graues theoretisches Modell, sondern kann auch in der Praxis beobachtet werden. In der Vergangenheit gibt es einige Beispiele von armen Entwicklungsländern, die auf ihrem Weg zu einem Industrieländerstatus diese Stufen einer zunächst defizitären und dann einen Überschuss aufweisenden Leistungsbilanz durchlaufen haben. Beispiele dafür sind Südkorea und Singapur. Singapur etwa verbuchte noch zu Beginn der 1980er-Jahre ein Leistungsbilanzdefizit in Höhe von gut 10 % des BIP. Zwischen 2005 und 2015 erwirtschaftete das Land dagegen einen Überschuss in der Leistungsbilanz von mindestens 14 % des BIP.

4. Literaturempfehlung

Altmann, Jörn (2007): Wirtschaftspolitik, 8. Auflage, Stuttgart 2007, Kapitel 12.7, S. 448.
Rose, Klaus; Sauernheimer, Karlhans (2006): Theorie der Außenwirtschaft, 14. Auflage, München 2006, 8. Kapitel, S. 355 ff.

Aufgabe 69: Deflation als wirtschaftspolitisches Problem

Wissen, Transfer
Bearbeitungszeit: 15 Minuten

1. Aufgabenstellung

Deflation wird von vielen Ökonomen als eine der größten Gefahren für die gesamtwirtschaftliche Stabilität angesehen. Aus diesem Grund haben viele bedeutende Zentralbanken, u. a. auch die EZB und die amerikanische Fed, im Zuge der aktuellen Finanzkrise keinen Zweifel daran gelassen, bereits Deflationstendenzen auch mit außergewöhnlichen geldpolitischen Maßnahmen, wie z. B. dem Ankauf von Staatsanleihen, zu bekämpfen.

(a) Erklären Sie zunächst, was man unter dem Begriff *Deflation* versteht!

(b) Deflation kann nachfrage- oder angebotsseitig entstehen. Erläutern Sie, was damit gemeint ist! Gehen Sie auch darauf ein, ob beide Formen der Deflation gleichermaßen eine Gefahr für die gesamtwirtschaftliche Entwicklung darstellen! Sollte Deflation vor diesem Hintergrund in jedem Fall – also unabhängig von der Ursache – bekämpft werden?

2. Lösung

(a) Unter Deflation ist der über mehrere Perioden anhaltende Rückgang des allgemeinen Preisniveaus in einer Volkswirtschaft zu verstehen.

(b) Bei nachfrageseitiger Deflation liegt die Ursache in einem Rückgang der aggregierten Nachfrage; um Güter und Dienstleistungen weiterhin absetzen zu können, müssen die Anbieter in der Folge die Preise senken. Die Nachfrager werden daraufhin Käufe immer weiter in die Zukunft verschieben, weil sie vermuten, dass die Preise dann noch niedriger sind als in der Gegenwart. Diese Deflationserwartungen reduzieren die Nachfrage noch weiter, und die Volkswirtschaft gerät in eine so genannte Deflationsspirale. Die Konsequenz ist eine lang andauernde Rezession mit den hierfür typischen Begleitsymptomen wie beispielsweise hohe Arbeitslosigkeit und eine zunehmende Zahl von Insolvenzen. Bei angebotsseitiger Deflation kommt es durch gesamtwirtschaftlich hohe Produktivitätszuwächse zu einem sinkenden Preisniveau. Anders als bei nachfrageseitiger Deflation ist hier also ein positiver Angebotsschock ursächlich. Unter solchen Rahmenbedingungen können zurückgehende Preise mit einer positiven gesamtwirtschaftlichen Dynamik, die sich beispielsweise in hohen Gewinnen für Unternehmen, steigenden Aktienkursen und zunehmenden Reallöhnen für Beschäftigte äußern, einhergehen. Insofern sollte ausschließlich die nachfrageseitige Deflation durch wirtschaftspolitische Maßnahmen bekämpft werden. Die angebotsseitige Deflation kann hingegen sogar als erwünscht angesehen werden.

3. Hinweise zur Lösung

Es könnte hilfreich sein, sich zunächst damit zu beschäftigen, was man unter *Inflation* versteht und was die Ursachen von *Inflation* auf der Nachfrageseite und der Angebotsseite sind. Ein Transfer auf eine entgegengesetzte Entwicklung des Preisniveaus fällt dann eventuell etwas leichter.

4. Literaturempfehlung

Bleich, Dirk; Bleich, Torsten; Fendel, Ralf (2013): Einige Anmerkungen zum Wesen der Deflation aus Sicht der Finanzstabilität, in: Zeitschrift für Wirtschaftspolitik, 62. Jg. (2013), Heft 2, S. 143–158.

Aufgabe 70: Produktionskapazität

Taxonomiestufe mittelschwierig
Bearbeitungszeit: 15 Minuten

1. Aufgabenstellung

Unter welchen makroökonomischen Rahmenbedingungen kann der Staat durch die Vergabe eines Auftrags zur Aushebung eines großen Erdlochs das Wirtschaftswachstum beschleunigen?

2. Lösung

Eine solche Maßnahme ist mikroökonomisch betrachtet sinnlos. Sie kann aber dann zu einer Erhöhung des BIPs führen, wenn die Produktionskapazitäten nicht vollständig ausgeschöpft sind und staatliche Investitionen private nicht vollständig verdrängen.

3. Hinweise zur Lösung

Ziel dieser wirtschaftspolitischen Maßnahme ist es, neues Einkommen zu generieren, welches über den Multiplikatoreffekt dann zu einer überproportionalen Ausweitung des neuen gleichgewichtigen BIP führt. Sollten die Produktionskapazitäten nicht vollständig ausgeschöpft sein, so konkurriert diese staatliche Nachfrage nicht mit der privaten. Trotz der augenscheinlichen mikroökonomischen Sinnlosigkeit der Maßnahme kann das BIP so jedoch gesteigert werden. Befände sich die betrachtete Volkswirtschaft bereits an der Kapazitätsgrenze, so käme es zu einem Wettbewerb zwischen privaten und den neuen staatlichen Investitionen um vorhandene Ressourcen. Dieser Wettbewerb würde zu einem Anstieg des Zinses führen, denn die Nachfrage nach den gesparten Ressourcen würde steigen und somit der Preis für die Überlassung dieser Ressourcen. Zinssensitive private Investitionen würden verdrängt (Crowding-Out-Effekt), was den Effekt verkleinern oder sogar ganz neutralisieren könnte. In einem solchen Fall könnte eine simultane expansive Geldpolitik dem Crowding-Out entgegenwirken und den Zinssatz konstant halten. Die Finanzierungsseite bleibt hier gänzlich unberücksichtigt.

4. Literaturempfehlung

Brunner, Sibylle; Kehrle, Karl (2014): Volkswirtschaftslehre, 3. Auflage, München 2014, S. 548–551.

Aufgabe 71: Haavelmo-Theorem

Taxonomiestufe schwierig
Bearbeitungszeit: 15 Minuten

1. Aufgabenstellung

Bitte beschreiben Sie das Haavelmo-Theorem.

2. Lösung

Das Haavelmo-Theorem besagt, dass steuerfinanzierte Staatsausgaben zu einer Erhöhung des gleichgewichtigen BIPs in Höhe der Staatsausgaben führen.

3. Hinweise zur Lösung

Steuern zu erheben und diese dann wieder auszugeben erscheint oberflächlich wie ein Nullsummenspiel. Dies stimmt jedoch nicht. Erhebt der Staat Steuern, so verringert sich in einem keynesianischen Modell der gesamtwirtschaftliche Konsum. Der Rückgang des Konsums bleibt jedoch geringer als die Steuererhöhung. Dies liegt daran, dass die marginale Konsumquote kleiner als eins ist. Der Staat gibt seine Steuereinnahmen dann im selben Umfang wieder aus und erhöht so die gesamtwirtschaftliche Nachfrage um die Steuerbelastung. Über den Multiplikatoreffekt erhöht sich das neue gleichgewichtige BIP überproportional. Diese beiden Effekte führen dazu, dass das neue gleichgewichtige BIP genau um die Steuerbelastung bzw. die Staatsausgabe steigt.

4. Literaturempfehlung

Brunner, Sibylle; Kehrle, Karl (2014): Volkswirtschaftslehre, 3. Auflage, München 2014, S. 551.

Aufgabe 72: Lafferkurvendiskussion

Wissen, Anwenden, Bewerten
Bearbeitungszeit: 20 Minuten

1. Aufgabenstellung

Vor einigen Jahren entbrannte in Deutschland eine politische Debatte über Steuersenkungen. Die FDP vertrat in dieser Diskussion die These, dass niedrigere Steuersätze höhere Steuereinnahmen zur Folge haben und sich deshalb niedrigere Steuern sogar von selbst finanzieren können. Die SPD vertrat die Gegenposition und behauptete, dass eine Senkung der Steuersätze das Steueraufkommen senke und Löcher in die öffentlichen Haushalte reißen würde.

(a) Zeichnen und erläutern Sie die sogenannte Laffer-Kurve! Gehen Sie auch auf die wirtschaftspolitische Relevanz der Laffer-Kurve ein!

(b) Weisen Sie unter Bezugnahme auf Aufgabenteil (a) die Richtigkeit der These der FDP, dass niedrigere Steuersätze tatsächlich höhere Steuereinnahmen zur Folge haben können, nach! Überprüfen Sie anschließend, inwiefern die Gegenposition der SPD haltbar ist!

(c) Oft wird von Befürwortern von Steuersenkungen argumentiert, dass der Staatsanteil gegenwärtig zu hoch sei. Bei langfristiger empirischer Betrachtung kann man feststellen, dass die Staatsquote in Deutschland im Jahr 1913 bei 15,7 % und 1960 bei 32,9 % lag. Im Jahr 2013 betrug die Staatsquote knapp 45 %. Erläutern Sie vier Gründe dafür, dass sich der Staatsanteil langfristig erhöht hat!

2. Lösung

(a)

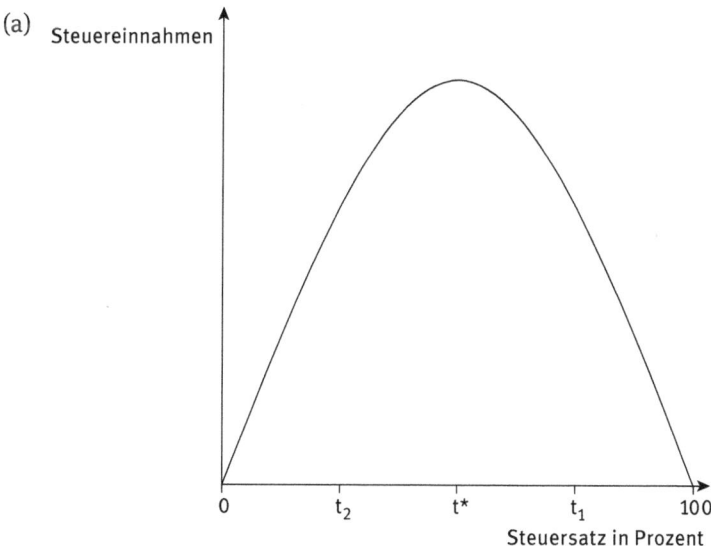

Wenn man – ausgehend von einem Steuersatz von 0 % – den Steuersatz erhöht, werden zunächst die Steuereinnahmen des Staates zunehmen. Dies gilt bis zum Steuersatz t^*. Steigt der Steuersatz über den Steuersatz t^* hinaus weiter an, dann gehen die Steuereinnahmen wieder sukzessive zurück. Die zurückgehenden Steuereinnahmen bei steigendem Steuersatz erklären sich dadurch, dass die wirtschaftliche Aktivität bei einer zu hohen Steuerbelastung zurückgehen wird. Wenn beispielsweise bei der Einkommensteuer ein Steuersatz von 100 % vom Staat festgelegt würde, würde niemand mehr daran interessiert sein, Arbeitseinkommen zu erzielen, weil der Staat dieses komplett wegsteuert; insofern würde niemand mehr arbeiten gehen, die Einkommen als Bemessungsgrundlage für die Steuer lägen bei null, und somit lägen auch die Steuereinnahmen des Staates bei null. Für den Wirtschaftspolitiker ist der Zusammenhang zwischen Steuersatz und Steuereinnahmen deshalb wichtig, weil er möglichst den Steuersatz t^* anstreben wird, mit dem die maximalen Steuereinnahmen erreicht werden können. Dem Politiker sollte deshalb bekannt sein, dass die Steuereinnahmen ab einem bestimmten kritischen Wert bei weiterer Erhöhung des Steuersatzes zurückgehen werden.

(b) Die These der FDP ist dann plausibel, wenn der Steuersatz den Punkt t^* bereits überschritten hat. Befindet sich der Steuersatz beispielsweise an der Stelle t_1, würde eine Senkung des Steuersatzes die Steuereinnahmen erhöhen. Die These der SPD ist dann plausibel, wenn der Steuersatz den Punkt t^* noch nicht erreicht hat. Befindet sich der Steuersatz beispielsweise an der Stelle t_2, würde eine Erhöhung des Steuersatzes die Steuereinnahmen erhöhen.

(c) (1) Im Laufe der Zeit hat sich der Staat immer weiter vom Ordnungsstaat zum Wohlfahrtsstaat entwickelt und damit immer weitergehende Aufgaben im Bereich Bildung, soziale Sicherung, Kultur etc. übernommen.

(2) In Krisenzeiten (Kriege, Wirtschaftskrisen etc.) wurden die Staatsausgaben aufgrund eines erhöhten Finanzierungsbedarfes des Staates erhöht. Nach Ende der Krise wurden die Staatsausgaben von der Regierung allerdings nicht wieder vollständig auf das alte Niveau abgesenkt, weil sich die Bevölkerung an die mit höheren Staatsausgaben verbundenen höheren Steuerbelastungen gewöhnt hatte.

(3) Die Bevölkerung fragt mit zunehmendem Wohlstand die vom Staat bereit gestellten Güter (Bildung, Gesundheitsversorgung, Kultur etc.) relativ stärker nach.

(4) Eine höhere Staatsquote lässt sich auch politökonomisch erklären. Beispielsweise werden Politiker ihre Wiederwahl durch „Wahlgeschenke" zu sichern versuchen und Bürokraten ihren Einfluss zu vergrößern versuchen; Lobbyisten werden sich verstärkt um Sondervorteile wie Subventionen bemühen.

3. Hinweise zur Lösung

Wenn Sie den in Aufgabenteil (a) geforderten Zusammenhang der Laffer-Kurve nicht kennen, stellen Sie für die Besteuerung von Einkommen nachfolgende Überlegung an: Wie hoch sind die Steuereinnahmen des Staates, wenn der Steuersatz 0 % ist? Wie entwickeln sich die Steuereinnahmen, wenn davon ausgehend der Steuersatz immer weiter erhöht wird? Wie hoch sind die Steuereinnahmen des Staates bei einem Steuersatz von 100 %? Wie entwickeln sich die Steuereinnahmen, wenn der Steuersatz davon ausgehend immer weiter reduziert wird?

Bevor Sie in Aufgabenteil (c) Überlegungen zu den Ursachen einer langfristig immer weiter angestiegenen Staatsquote anstellen, sollten Sie sich zunächst bewusst machen, was die Staatsquote misst.

4. Literaturempfehlung

Bartling, H.; Luzius, Franz (2014): Grundzüge der Volkswirtschaftslehre, 18. Auflage, München 2014, S. 135.

Wildmann, Lothar (2012): Wirtschaftspolitik, 2. Auflage, München 2012, S. 213–214.

Zimmermann, Horst; Henke, Klaus-Dirk; Broer, Michael (2012): Finanzwissenschaft, 11. Auflage, München 2012, S. 29–45.

Aufgabe 73: Stabilisierungspolitik

Wissen, Bewerten
Bearbeitungszeit: 20 Minuten

---

1. Aufgabenstellung

Stabilisierungspolitische Maßnahmen können danach unterschieden werden, ob sie der angebotsorientierten oder der nachfrageorientierten Wirtschaftspolitik zuzurechnen sind.

(a) Erklären Sie, was mit Stabilisierungspolitik gemeint ist! Welche anderen Bereiche der Wirtschaftspolitik kennen Sie?

(b) Was ist mit angebotsorientierter Wirtschaftspolitik gemeint? Wozu dient sie? Nennen Sie beispielhaft fünf wirtschaftspolitische Maßnahmen, die zur Angebotspolitik zählen!

(c) Was versteht man unter nachfrageorientierter Wirtschaftspolitik? Wann wird sie eingesetzt? Nennen Sie beispielhaft fünf wirtschaftspolitische Maßnahmen, die zur Nachfragepolitik zählen!

(d) Sehen Sie in den Konzepten der angebotsorientierten Wirtschaftspolitik und der nachfrageorientierten Wirtschaftspolitik einen Widerspruch? Oder handelt es sich um zwei komplementäre Konzepte?

2. Lösung

(a) Stabilisierungspolitik umfasst alle wirtschaftspolitischen Maßnahmen, die darauf abzielen, die Volkswirtschaft in ein gesamtwirtschaftliches Gleichgewicht zu bringen. Das Postulat des gesamtwirtschaftlichen Gleichgewichts findet sich in Artikel 109, Absatz 2 des Grundgesetzes. Eine Konkretisierung dessen erfolgt im Gesetz zur Förderung der Stabilität und des Wachstums der Wirtschaft (StabG) von 1967; danach sind gleichzeitig die Stabilität des Preisniveaus, ein hoher Beschäftigungsstand, außenwirtschaftliches Gleichgewicht und ein stetiges und angemessenes Wirtschaftswachstum bei den wirtschafts- und finanzpolitischen Maßnahmen von Bund und Ländern zu verfolgen. Heute werden oftmals zusätzlich noch weitere Ziele, wie etwa gerechte Einkommens- und Vermögensverteilung sowie (ökologische und soziale) Nachhaltigkeit unter den Begriff der Stabilisierungspolitik gefasst.

Weitere Bereiche der Wirtschaftspolitik sind zum Beispiel:
– die Ordnungspolitik, unter die Maßnahmen zur Gestaltung der Wirtschaftsordnung fallen;
– die Allokationspolitik, unter die Maßnahmen zur Beseitigung von Ineffizienzen fallen;
– die Verteilungspolitik, unter die Maßnahmen zur Korrektur der vorhandenen Einkommens- und/oder Vermögensverteilung fallen.

(b) Angebotsorientierte Wirtschaftspolitik ist ein stabilisierungspolitisches Konzept, das auf dem neoklassischen Paradigma basiert, wonach sich jedes Angebot seine Nachfrage schafft (Say'sches Theorem) und die Wirtschaft von sich aus stabil ist. Wirtschaftspolitische Maßnahmen müssen deshalb auf der Angebotsseite ansetzen und Leistungsanreize fördern. Mit angebotsorientierter Wirtschaftspolitik soll dauerhaft ein hohes Maß an Wachstum und Beschäftigung erreicht werden. Entsprechende Maßnahmen sind:
– Bürokratieabbau und Deregulierung;
– Technologieförderung und Bildungspolitik;
– Verringerung der Steuerbelastung als Anreizstimulus;
– Produktivitätsorientierte bzw. zurückhaltende Lohnpolitik;
– Verstetigte Fiskal- und Geldpolitik.

(c) Nachfrageorientierte Wirtschaftspolitik ist ein stabilisierungspolitisches Konzept, das eng mit dem keynesianischen Paradigma verbunden ist. Nach dieser Sichtweise hängt die Produktion in einer Volkswirtschaft maßgeblich von der Nachfrage ab; außerdem tendiert die Wirtschaft eigendynamisch zu Instabilitäten. Zur Stabilisierung der Gesamtwirtschaft muss deshalb die Nachfrageseite durch Fiskal- und Geldpolitik beeinflusst werden. In konjunkturellen Schwächephasen muss darum die Nachfrage erhöht werden, im Boom muss die Nachfrage abgesenkt werden (sog. antizyklische Konjunkturpolitik). Oberste Priorität hat dabei das Erreichen von Vollbeschäftigung. Nachfragepolitik ist meist kurzfristig orientiert. Entsprechende Maßnahmen sind (bei konjunkturellen Schwächephasen):

- Erhöhung der Ausgaben des Staates;
- Steuersenkungen zur Stimulierung des Konsums;
- Ausschüttung von Subventionen zur Investitionsförderung;
- Geldmengenexpansion durch Niedrigzinspolitik der Zentralbank;
- Lohnsteigerungen zur Nachfrageerhöhung.

(d) Die beiden Paradigmen (Neoklassik vs. Keynesianismus) bilden die Grundlage für angebotsorientierte bzw. nachfrageorientierte Wirtschaftspolitik. Die beiden Paradigmen gehen von diametral entgegengesetzten Voraussetzungen in Bezug auf die Funktionsweise einer Volkswirtschaft aus. So ist aus neoklassischer Sicht die Angebotsseite bestimmend, während aus keynesianischem Blickwinkel die Nachfrageseite entscheidend ist. Insofern könnten beide Konzepte als Widerspruch gesehen werden.

Allerdings ist die angebotsorientierte Wirtschaftspolitik eher mittel- bis langfristig orientiert und kann deshalb vor allem zur Beseitigung von Wachstumsschwächen eingesetzt werden; nachfrageorientierte Wirtschaftspolitik ist kurzfristig orientiert und bietet sich insbesondere zur Bekämpfung konjunktureller Schwächephasen an. Deshalb können angebotsorientierte und nachfrageorientierte Wirtschaftspolitik durchaus auch als komplementäre stabilisierungspolitische Konzepte angesehen werden.

3. Hinweise zur Lösung

Es ist nicht nur wichtig, in der Theorie zwischen Angebots- und Nachfragepolitik unterscheiden zu können. Versuchen Sie deshalb, auch bei der Lektüre des Wirtschaftsteils einer Tageszeitung immer danach zu differenzieren, welche der genannten stabilisierungspolitischen Maßnahmen angebotspolitischer Natur sind und welche nachfragepolitischer Natur sind.

4. Literaturempfehlung

Mussel, Gerhard; Pätzold, Jürgen (2012): Grundfragen der Wirtschaftspolitik, 8. Auflage, München 2012, S. 1–24.

Aufgabe 74: Höchstpreise Immobilienmarkt

Transfer, Bewerten
Bearbeitungszeit: 20 Minuten

1. Aufgabenstellung

In einer TV-Talkshow wird über steigende Mietpreise für (Wohn-)Immobilien in Ballungszentren diskutiert. Ein Politiker fordert vehement die Einführung eines Höchstpreises und erntet starken Applaus.

(a) Analysieren Sie bitte grafisch in einem Preis-Mengen-Diagramm die potentiellen Folgen, indem Sie die unterschiedlichen Entwicklungen von Angebot und Nachfrage aufzeigen und zudem eine Wohlfahrtsanalyse durchführen. Wie werden sich die Konsumenten-, die Produzenten- und die Gesamtrente des Marktes entwickeln? Bitte bestimmen Sie damit auch die „Gewinner" und die „Verlierer" dieses Vorschlags.

(b) Würden Sie als Ökonom dem Vorschlag des Politikers zustimmen? Welche Alternative würden Sie in der Talkshow vorschlagen, die zu einem besseren Ergebnis führen könnte?

2. Lösung

(a)

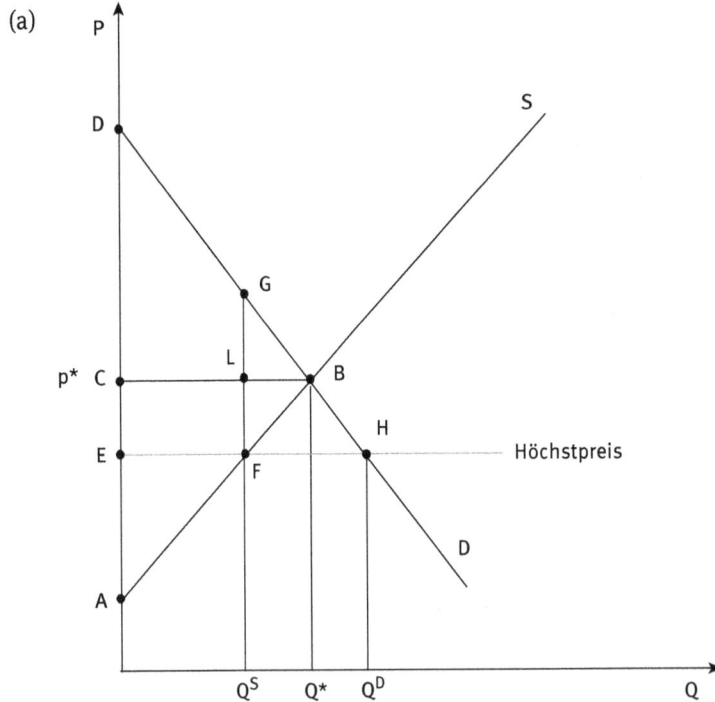

	Wohlfahrt (ohne HP)	Wohlfahrt (mit HP)	Nettoeffekt
Konsumentenrente	CBD	EFGD	ambivalent (+CEFL, aber −GBL)
Produzentenrente	ABC	AFE	Verlust EFBC
Gesamtmarkt	ABD	AFGD	Verlust FBG

Wie in der Abbildung zu sehen ist, resultiert durch den Höchstpreis aus einem Ausgangsgleichgewicht in B ein Nachfrageüberschuss FH. Die Nachfrage würde eigentlich auf H steigen. Allerdings reduzieren die Anbieter ihr Angebot auf F, sodass ein Nachfrageüberschuss hieraus resultiert. Ausgehend von F können die Anbieter nun die hierfür vorhandene Zahlungsbereitschaft auf der Nachfragekurve ablesen (Punkt G). Die Produzenten sind klare Verlierer, weil Preis- und Mengeneffekt beide negativ sind. Einerseits reduziert sich der Mietpreis für Wohnimmobilien, andererseits steht weniger Angebot zur Verfügung. Beide Effekte wirken negativ auf die Produzentenrente. Die neue Produzentenrente AFE ist damit zwingend kleiner als die vorherige Rente ABC. Die Wirkung auf die Konsumentenrente ist ambivalent und hängt von mehreren Faktoren ab, wie etwa der Elastizität der Angebots- und Nachfragekurve oder auch der Stärke der Preisänderung. Die Konsumenten verlieren die Fläche GLB, die sich als reiner Nettoeffekt bei der Gesamtrente bemerkbar macht. Der Zugewinn CLFE ist ein *rent shifting* und stellt nur eine Umverteilung von Rente von den Produzenten zu den Konsumenten dar. (Bitte beachten Sie auch hierzu die Hinweise zur Lösung.) Die Gesamtrente sinkt von ursprünglich ABD auf AFGD und induziert einen Nettowohlfahrtsverlust in Höhe von FBG.

(b) Dem Politiker kann leider nicht zugestimmt werden, da Ineffizienzen und Verzerrungen entstehen und für den Markt insgesamt ein Nettowohlfahrtsverlust entsteht. Eine sinnvolle wirtschaftspolitische Alternative würde der Ausbau an Wohnraum bieten, das heißt eine Erhöhung des Angebots. Dies würde die Angebotskurve bei zunächst gegebenem Mietpreis nach rechts verschieben und damit ceteris paribus den Mietpreis für Wohnraum reduzieren. Damit könnte das wirtschaftspolitische Ziel erreicht werden, bezahlbaren Wohnraum auch für Menschen mit geringerem Einkommen zu schaffen.

3. Hinweise zur Lösung

Die Idee klingt zunächst sinnvoll: bezahlbaren Wohnraum für Bezieher niedrigerer Einkommen schaffen und das Mietpreisniveau absenken. Dabei wird aber übersehen, dass zwar die Nachfrage sich erhöhen wird, gleichzeitig aber das Angebot sinkt, sodass die steigende Nachfrage nicht bedient werden kann und es zu einem Nachfrageüberschuss kommt. Viele Studierende machen hier in der Klausur den Fehler, die neue Konsumentenrente mit der Fläche DEH zu beschreiben. Dies ist leider falsch, da die Nachfrage in H gar nicht bedient werden kann. Werfen Sie nun einen Blick auf das Ergebnis der Situation mit Höchstpreis im Vergleich zur Situation ohne Höchstpreis. In der Situation ohne Höchstpreis konnten alle Nachfrager zwischen D und B bedient werden, da in B ein Marktgleichgewicht gegeben war. Mit Einführung des Höchstpreises können nun nur noch die Nachfrager zwischen D und G bedient werden. Im Ergebnis ist dies aus Konsumentensicht aus drei Gründen eine fatale Situation: Erstens gehen die Nachfrager zwischen B und H, die eigentlich erreicht werden sollten, leer aus. Sie bekommen keine Wohnung. Zweitens gehen aber auch die Nachfrager zwischen G und B leer aus, obwohl sie im Rahmen der freien Marktlösung noch eine Wohnung erhalten hatten. Drittens verbuchen ausgerechnet die Nachfrager mit der höchsten Zahlungsbereitschaft, die zwischen D und G sitzen, eine Erhöhung ihrer Konsumentenrente. Bitte beachten Sie, dass Zahlungsbereitschaften nicht immer in Geld gemessen werden: So könnte aus ganz praktischer Sicht eine Ineffizienz dahingehend eintreten, dass die Nachfrager zwischen D und G von den Anbietern (Vermietern) nach Bonitätsgesichtspunkten ausgesucht werden. Als Beispiel wären Doppelverdiener ohne Kinder (sog. „DINKs: Double Income No Kids") sicherlich von den meisten Vermietern gern gesehene Mieter. Im Sinne der ursprünglich geplanten wirtschaftspolitischen Maßnahme wäre dies eine sehr kontraproduktive Lösung.

4. Literaturempfehlung

Altmann, Jörn (2007): Volkswirtschaftslehre, 7. Auflage, Stuttgart 2007, S. 415–421.
Mankiw, N. Gregory; Taylor, Mark P. (2012): Grundzüge der Volkswirtschaftslehre, 5. Auflage, Stuttgart 2012, S. 142–148.

Aufgabe 75: Adverse Selektion

Transfer
Bearbeitungszeit: 20 Minuten

1. Aufgabenstellung

Im Jahr 2011 urteilte der Europäische Gerichtshof, dass Versicherungen ab dem 21.12.2012 nur noch Unisex-Tarife anbieten dürfen. Zuvor gab es bei vielen Versicherungszweigen – analog zum jeweiligen Risiko – unterschiedliche Tarife für Frauen und für Männer. Erklären Sie am Beispiel der privaten Rentenversicherung, welche Folgen die Einführung einheitlicher Tarife für Frauen und Männer haben könnte! Werden durch das Urteil des Europäischen Gerichtshofes mehr oder weniger Personen versichert sein? Werden die Prämien im Durchschnitt sinken oder steigen?

2. Lösung

Es soll davon ausgegangen werden, dass ein Versicherungsnehmer bzw. eine Versicherungsnehmerin mit 40 Jahren eine Rentenversicherung abschließt, aus der er/sie nach dem Eintritt in den Ruhestand (65 Jahre) bis zu seinem Lebensende eine monatliche Rente in Höhe von 500 € bekommen möchte. Die Lebenserwartung von Frauen liege bei 83 Jahren und die von Männern bei 78 Jahren. Zur Vereinfachung der Überlegungen werden Verzinsung, Verwaltungsgebühren und Gewinnanteil für die Versicherungsgesellschaft nicht berücksichtigt.

Von der Versicherungsgesellschaft müssen für eine Frau durchschnittlich 18 Jahre lang 500 € monatlich an Altersrente gezahlt werden. Das ergibt insgesamt eine Summe von 108.000 €. In der Ansparphase würde die Versicherungsgesellschaft von Frauen also 25 Jahre lang 360 € monatlich verlangen, um die Rentenzahlungen durch Prämien voll zu decken. Bei Männern hingegen ist die Altersrente durchschnittlich nur 13 Jahre lang von der Versicherungsgesellschaft zu zahlen. Insgesamt ergeben sich somit 78.000 €. Die Versicherungsgesellschaft würde deshalb 260 € monatlich vom Versicherungsnehmer in der Ansparphase verlangen. Dieses sehr einfache Beispiel zeigt das erhebliche Ausmaß des versicherungsmathematisch begründeten Unterschieds der Prämien zwischen den Geschlechtern.

Im Rahmen des Urteils des Europäischen Gerichtshofes wurden die Versicherungsgesellschaften dazu verpflichtet, einheitliche Prämien für Frau und Mann zu kalkulieren. Eine Versichertengemeinschaft mit 50 % Frauen und 50 % Männern unterstellt, würde sich eine durchschnittliche Lebenserwartung pro Versicherungsnehmer von 80,5 Jahren (arithmetisches Mittel der Lebenserwartung von Frau und Mann) ergeben. Durchschnittlich wird die Versicherungsgesellschaft dann also in der Auszahlphase Versicherungsleistungen in Höhe von insgesamt 93.000 € auszahlen. Verteilt man diese Summe auf die 25-jährige Ansparphase, ergibt eine monatliche Prämie von 310 €.

Die Kohorte der Frauen in der Versichertengemeinschaft zahlt nun allerdings deutlich weniger in die Rentenversicherung ein als sie sich an Versicherungsleistungen aufgrund ihrer geschlechterspezifischen Lebenserwartung erhoffen darf. Die Kohorte der Männer in der Versichertengemeinschaft zahlt deutlich mehr ein als sie in Form von Altersrente zu erwarten haben. Für Männer ist der Abschluss einer Rentenversicherung mit Unisex-Tarifen also ein schlechtes Geschäft, und sie werden schließlich keine Versicherung dieser Art mehr abschließen, weil z. B. private Ersparnisbildung vorteilhafter wäre. Die Zusammensetzung der Versichertengemeinschaft wird sich – rationales Verhalten bei den Versicherungsnehmern unterstellt – in der Folge solange verändern, bis der Frauenanteil bei 100 % liegt. Die Rentenversicherung müsste jetzt von der Versicherungsgesellschaft genau so kalkuliert werden, wie das bei dem Frauentarif nach dem alten Modell der Fall gewesen war. Für die gesamte Versichertengemeinschaft, die jetzt nur noch aus Frauen besteht, kommt dies einer allgemeinen Tariferhöhung gleich, denn durchschnittlich wären die Prämien pro Versichertem höher als zuvor.

Die Versichertengemeinschaft besteht jetzt nur noch aus Frauen, die mit ihrer höheren Lebenserwartung aus Sicht der Versicherung ein schlechtes Risiko darstellen. Diese haben die Männer, die aus Sicht der Versicherung aufgrund ihrer kürzeren Lebenserwartung ein gutes Risiko sind, verdrängt. Dies nennt man „adverse Selektion".

Die Prämien werden also im Durchschnitt steigen, und unter den neuen Bedingungen sind weniger Personen, nämlich nur noch Frauen, versichert.

3. Hinweise zur Lösung

Überlegen Sie sich zunächst, wie es ganz allgemein bei asymmetrisch verteilten Informationen zwischen Anbietern und Nachfragern zur adversen Selektion kommen kann! Übertragen Sie Ihre Erkenntnisse dann auf den in der Aufgabe geschilderten Fall!

4. Literaturempfehlung

Fritsch, Michael (2014): Marktversagen und Wirtschaftspolitik, 9. Auflage, München 2014, S. 247–252.
Pindyck, Robert S.; Rubinfeld, Daniel L. (2013): Mikroökonomie, 8. Auflage, München et al. 2013, S. 844–853.

Aufgabe 76: Subprime-Krise und Kreditverbriefung

Wissen, Verstehen
Bearbeitungszeit: 15 Minuten

1. Aufgabenstellung

(a) Was ist eine Kreditverbriefung?
(b) Nennen Sie Vor- und Nachteile von Kreditverbriefungen für Banken sowie Investoren zum Zeitpunkt vor Ausbruch der im Jahr 2007 begonnenen Finanzkrise!
(c) Umreißen Sie kurz die Bedeutung von Kreditverbriefungen in den USA im Zusammenhang mit der Subprime-Krise!

2. Lösung

(a) – Eine Bank vergibt Immobilienkredite an mehrere Schuldner, die eine Immobilie erwerben wollen. In der Bilanz der Bank erscheinen diese Kredite als Forderungen auf der Aktivseite.
   – Das Kreditportfolio der Bank, bestehend aus Forderungen unterschiedlicher Qualität, wird von der Bank an eine (neu gegründete) Zweckgesellschaft veräußert.

- Diese Zweckgesellschaft erschafft aus dem erworbenen Kreditportfolio strukturierte Finanzprodukte, wie etwa Collateralized Debt Obligations (CDO) oder Asset Backed Securities (ABS); diese werden am Kapitalmarkt gehandelt und sind besichert mit Zahlungsansprüchen gegenüber den Schuldnern aus dem Kreditportfolio.

- Das Portfolio wird sodann in mehrere Tranchen aufgeteilt. Die sicherste Tranche ist dadurch gekennzeichnet, dass sie bei Kreditausfällen über das Gesamtportfolio hinweg als erstes bedient wird. Deshalb wird diese „Super Senior Tranche" von den Ratingagenturen im Normalfall mit einem Top-Rating versehen, denn das Ausfallrisiko ist gering. Dem Risiko entsprechend niedrig ist allerdings auch die Rendite, die ein Investment in diese sicherste Tranche mit sich bringt. Jede weitere Tranche des Portfolios ist etwas unsicherer, weil diese bei Zahlungsausfällen im Kreditportfolio im Vergleich zu der vorherigen, qualitativ besseren Tranche nachrangig bedient wird. Allgemein gilt: Je unsicherer die Tranche, desto höher die Rendite. Weil die qualitativ schlechteste Tranche (so genannte „Equity Tranche" oder „Toxic Tranche") bei etwaigen Kreditausfällen zuletzt bedient wird, weist diese das höchste Risiko auf. Nur wenn alle Immobilienschuldner (der ursprünglichen von der Bank vergebenen Kredite) ihren Zahlungsverpflichtungen vollumfänglich nachkommen, erhalten die Investoren der strukturierten Finanzprodukte ihre Rendite (im vollen Umfang).

- Zweifel an der Zahlungsfähigkeit von Immobilienschuldnern können deshalb zu Preiseinbrüchen bei den an Sekundärmärkten gehandelten Kreditverbriefungen führen. Bei besonders hohen Zweifeln würden auch Kreditverbriefungen höherer Qualität unter Preisdruck geraten. Im Extremfall finden sich für die Verbriefungen keine Abnehmer mehr. In diesem Fall spricht man davon, dass die Märkte illiquide sind.

(b) Vorteile von Verbriefungen für Banken:
- Bilanzverkürzung (Forderungen verschwinden aus der Bilanz der Bank);
- Besseres Risikomanagement;
- Einnahmeerzielung durch den Verkauf strukturierter Produkte;
- Vorteile bei der Erfüllung regulatorischer Vorschriften, wie z. B. Eigenkapitalanforderungen.

Vorteile von Verbriefungen für Investoren:
- Neue Anlageklasse mit höheren Renditen;
- Möglichkeit der Risikodiversifikation;
- Möglichkeit der Berücksichtigung verschiedener Risikoneigungen.

Nachteile von Verbriefungen für Banken:
- Trotz Veräußerung der Immobilienkredite durch die Banken an ihre Zweckgesellschaften wurde die starke Expansion der Kreditvergabe zum Problem für die Banken, weil die Notwendigkeit bestand, den (bankeigenen) Zweck-

gesellschaften, die strukturierte Produkte erworben hatten, Kreditlinien bereitzustellen.

Nachteile von Verbriefungen für Investoren:

- Schwierige Bewertung der strukturierten Produkte, weil Informationen zu den einzelnen Krediten im Portfolio in der Regel nicht vorhanden sind.

(c) - Kreditverbriefungen erlaubten es den Banken, Risiken aus Immobilienkrediten aus ihren eigenen Bilanzen herauszulösen. Dieser Umstand führte dazu, dass Banken die Bonität der Schuldner immer weniger im Blick hatten, da das Portfolio zeitnah veräußert werden sollte (so genannte „Originate-to-Distribute" Strategie). Hinzu kam, dass durch die immer weiter steigende Nachfrage nach den strukturierten Produkten durch die Investoren der Kreditverbriefungsmarkt stark expandierte. Auch um ein entsprechendes Angebot vorzuhalten, wurden bei der Kreditvergabe durch die Banken immer höhere Risiken eingegangen. Zudem war von Bedeutung, dass es spätestens seit Ende der 1990er-Jahre in den USA als politisches Ziel galt, die Wohneigentümerquote unter sozial Schwächeren zu erhöhen.

- Die strukturierten Produkte galten aus Investorensicht dabei allerdings als sichere Anlageklasse, weil ...

(i) sie eine Risikodiversifikation erlaubten,

(ii) sie von Investoren je nach ihrem Risikoappetit erworben werden konnten und

(iii) sich positive Risikoeinschätzungen in entsprechend guten Rating-Einstufungen der Ratingagenturen niederschlugen.

- Es kamen allerdings Zweifel an der Kreditwürdigkeit von Schuldnern mit schwacher Bonität auf. Dies zog einen Vertrauensverlust nach sich, der allerdings zunächst nur das Subprime-Segment betraf; kurze Zeit später erfasste der Vertrauensverlust, bedingt durch vermehrt notleidende Kredite, alle Kreditverbriefungen.

- Bei Wertpapieren, in denen die Kredite verbrieft sind, kam es schnell zu hohen Preisrückgängen. Die entsprechenden Märkte wurden illiquide (vgl. Aufgabenteil (a)). Dies brachte deren Investoren ernsthaft in Bedrängnis, weil innerhalb kurzer Zeit erhebliche Wertberichtigungen vorgenommen werden mussten. Da diese Investoren innerhalb des Finanzsystems eine hohe systemische Bedeutung besaßen – beispielsweise hielten Banken auf der ganzen Welt die nun fragwürdigen Kreditverbriefungen in ihren Bilanzen –, kam es zu internationalen Übertragungs- und Ansteckungseffekten.

- Für einen allgemeinen Vertrauensverlust innerhalb des Finanzsystems war unter anderem von Bedeutung, dass wenig Transparenz bestand, welche Institute Risikopapiere in ihren Bilanzen hielten. Das hohe Misstrauen innerhalb des Finanzsystems und insbesondere im Bankensystem zog einen Zusammenbruch des Interbankenmarktes nach sich. In einem nächsten Schritt übertrug sich die Finanzkrise auf die Realwirtschaft. Die hohe Unsicherheit, negative Vermögenseffekte durch Bankinsolvenzen (z. B. Lehman Brothers) und erhebliche Preisrückgänge vieler Finanzaktiva (u. a. Einbruch am Aktienmarkt) sowie die starke Zurückhaltung bei der Vergabe von neuen Bankkrediten („Kreditklemme") führten zu einem erheblicher Rückgang der Güternachfrage.

3. Hinweise zur Lösung

Um Ursachen der Subprime-Krise (und der sich anschließenden Finanz- und Staatsschuldenkrise) besser zu verstehen, sollten Sie sich auch weitere Gründe für die Entstehung der Krise vergegenwärtigen. Das Instrument der Kreditverbriefung ist nur eine Ursache für die krisenhaften Entwicklungen. Recherchieren Sie, was weitere Ursachen waren!

4. Literaturempfehlung

Blanchard, Oliver; Illing, G. (2014): Makroökonomie, 6. Auflage, München 2014, S. 675–707.
Bloss, Michael; Ernst, Dietmar; Häcker, Joachim; Eil, Nadine (2009): Von der Subprime-Krise zur Finanzkrise, München 2009.

Stichwortverzeichnis

www.ingramcontent.com/pod-product-compliance
Lightning Source LLC
Chambersburg PA
CBHW081740270326
41932CB00020B/3342